(Deyiş

Bu kitabın hazırlanışında katkılarda
bulunan Nihat Özkan ve kızı Neslihan'a
sonsuz teşekkürler

ISBN 975-468-210-0

OZANLARIN DİLİ (Deyişler – Nefesler – Semahlar)
HAMDİ TANSES

Yayımlayan: Say Yayınları
Kapak baskı: Yaylacık Matbaası / İç Baskı: Engin Ofset /
Cilt: Yedigün Mücellithanesi / Birinci Basım: Mart 1997

Genel Dağıtım:
SAY DAĞITIM LTD. ŞTİ.
Ankara Caddesi No: 54 Sirkeci / İSTANBUL
Tel: (0212) 512 21 58 - 528 17 54 Fax: (0212) 512 50 80

HAMDİ TANSES

OZANLARIN DİLİ

Notalarıyla

★ Deyişler ★ Nefesler ★ Semahlar

SAY YAYINLARI

YAZARIN BİYOGRAFİSİ

HAMDİ TANSES, 1946 yılında Ünye'nin Velibayraktar Köyü'nde doğdu. İlkokulu dışarıdan bitirdi. Yedi yaşında kaval çalmayı öğrendi; türküler söylemeye başladı. Türkü dağarcığını gün geçtikçe geliştirdi.

Ortaokul ve liseyi Ünye'de tamamladı. 1967 yılında İstanbul'a geldi. Müzik dersleri almaya başladı. İlk müzik derslerini Ahmet Yamacı ve Kanuni İsmail Hakkı Bey'den aldı.

Uzun yıllar İstanbul Belediye Konservatuarı İcra Heyeti'ne katıldı. Adnan Ataman, Tuncer İnan ve Hamdi Özbay'ın yardımlarını gördü.

Ünlü saz yapımcısı Ragıp Akdeniz'e çok şey borçlu olan Hamdi Tanses, onun saz atölyesinde Arif Sağ, Muhlis Akarsu, Yavuz Top, Ahmet Yakışan'dan müzik bilgileri aldı. Sahne yaşantısına katıldı.

Birçok plak doldurdu, kasetler yaptı. Yıllarca türkü dinleyen Hamdi Tanses, TRT ve konservatuar arşivlerinde önemli yapıtlar kazandırdı.

1980 yılında Almanya'ya giden Hamdi Tanses çeşitli kentlerde müzik öğretmenliği yaptı. Kültür kuruluşlarında ve derneklerde konferanslar verdi. Uluslararası konserlere katıldı. Almanya'da ve öteki Avrupa ülkelerinde önemli ödüller aldı.

Sanat yaşantısını şu sıralarda Almanya'da sürdüren Hamdi Tanses bir Alman müzik okulunda müzik öğretmeni olarak çalışmaktadır.

SEMAH BİR İBADET ŞEKLİDİR

İTÜTM Devlet Konservatuvarları Öğ. Üy.
Gani PEKŞEN

Semahlar, Alevi-Bektaşi topluluklarının vazgeçilmez kültür ürünlerinden biridir. Bu ürün, gerek söz gerek müzik ve gerekse hareket biçimiyle dinsel bir nitelik taşır. Seyirlik ve eğlenceye yönelik olmayan, semahlar, Alevi-Bektaşi topluluklarında sosyal adaleti ve toplumsallığı yaşatan Ayin-i Cem'lerin temel taşlarındandır. Dolayısıyla Ayin-i Cem olgusundan ayrı ve bağımsız düşünülemez. Semahlarda çalınan ezgi oyun havası, yapılan hareketler de mutlak suretle dans değildir. Bunun en somut örneği "semah dönmek" deyiminde yatmaktadır. Bu kültürü yaşatan topluluklarda "semah oynandı" deyimi hiç kullanılmaz. Çünkü semah, tıpkı namaz kılmak gibi bir ibadettir. Ancak yapısında ritmik hareketler ve ezgi bulundurur. Bunlara söz unsuru da eklenince semahların mistik cazibesi oldukça artmaktadır. Semahlarda gerek hareketlerin ve gerekse müziğin insanı dinsel bir coşkuya götürdüğü değişmez bir gerçektir.

Mutasavvıf ozanların (Pir Sultan, Teslim Abdal, Hayati vb.) sözleriyle söylenen semahlar, Tasavvufi düşünceyi konu alır. Tasavvufi halk edebiyatı içinde özel bir yer tutarken, Alevi-Bektaşi inancının bir unsuru olan cemlerde sorgu ve görgüyle sağlanan, insanın kendi ve toplumla barışıklığı ve uyumu, semahlarda işlenen konuların esas çatısıdır.

Bir oyun niteliğinden uzak olan semahlar, söylenip dönülürken, "eğlen", "dur", "sallan" vb. sözler ile hareket yönlendirilir. Dolayısıyla söz, müzik ve hareket iç içedir.

Semahlar müzik yönünden en az iki bölümden oluşur. Her bölümde tonalite, usul ve gider değişir ki bu da semahların en önemli özelliğidir. Ağır bir giderle başlayan semahlar değişen bölümlerle hızlanarak tekrar sona erer. Usul bakımından, T.H.M. usullerinden 2,3,4 zamanlı ana usuller; 5,7,8,9 zamanlı bileşik usuller ve 10 zamanlı karma usuller kullanılmıştır. Bu usuller içinde 2,4,9 zamanlı usuller ağırlık kazanır. Dizi olarak

Yahyalı Kerem ve Düz Kerem dizileri çoğunlukla kullanılır. Mistik bir müzik yapısına sahip olan semahlar, bağlama eşliğinde çalınıp söylenir. Şelpe (pençe), yani parmaklarla çalınır. Bu icra Şamanist topluluklarda çalınan bir çalgı ve bağlamanın atası olan kopuzda görülür.

Semahlar kadınlı- erkekli dönülebildiği gibi ayrı ayrı gruplar halinde de dönülebilmektedir. Semah dönülürken el ele tutuşulmaz. Hareketler doğal ve abartısız olup, amaç Tanrı'ya varmak, onunla bütünleşmektir.

Tanrı'yla bütünleşmek ve insan ilişkilerinin sağlıklılığını amaçlayan; müzikle, edebiyatla bu kadar iç içe olan semahlar, gerek bu kültürü yaşatan toplulukların kapalılığı ve gerekse araştırmacıların konuya eğilim eksikliği sebebiyle hemen hemen karanlıkta kalmış bir halk sanatıdır. Semahlar konusundaki araştırma eksikliği bu konuda büyük aksaklığa yol açmıştır. Bu aksaklıklar sadece kişilerin değil, kurumların aksaklıkları olarak da ortaya çıkmaktadır. Bugün TRT repertuarına girmiş, çalınıp söylenen kaç semah var? Ki bunlar da repertuara alınırken sözleri değiştirilmekte, dolayısıyla anlamları yok edilmektedir. Bu sebeple bazı derlemeciler, semahlardaki düşünce ve felsefeye duydukları saygı nedeniyle bunların değiştirilmesine razı olmayıp denetime yollanmamaktadır. Oysa ki bu dinsel müzik kavramı sadece Batı'da değil, Türk Sanat Müziği repertuarında bile yerini almıştır. Televizyon ve Radyo'da Tasavvufi Türk Müziği adı altında yayımlanan ezgiler bundan başka bir şey değildir. Öbür taraftan halk kültürünün, dolayısıyla, halk müziğinin bir bölümü olan semahları, deyişleri ve tevhidleri içine alan dinsel müzik anons edilirken bile ya da türkü ya da semah havası adıyla ve "Türküler ve oyun havaları", "Türküler geçidi" gibi programlar içinde yayımlanmaktadır.

Bu konudaki bir başka aksaklık ise bu kültürün gerçek sahibi Alevi-Bektaşilerce yapılmaktadır. Köyden şehre yerleşen ve kendi kültüründen uzaklaşan Alevi-Bektaşiler, bu özlemin yarattığı duygusallıkla, bir araya geldiği düğün ve eğlencelerde semah dönmektedir. Oysa ki bu kültürün yaşatıcısı olan bu insanlar, semahların dinsel bir nitelik taşıdığını bilmekte, fakat içinde bulunduğu duygusal durum onu ısrarla bu yanlışa sürüklemektedir. Bu konuda söylenebilecek esas, dinsel niteliği ve bir ibadet şekli olan semahlar, eğlence amaçlı yerlerde sergilenmesin. Unutmamak gerekir ki kendi öz kültürüne sahip çıkmayan toplum ve uluslar yok olmaya mahkûmdur.

Lütfi Kaleli'nin "Kimliğini Haykıran Alevilik"
isimli kitabından alınmıştır.
Habora Yay. (İst. 1990)

ALEVİ - BEKTAŞİLER'DE MÜZİK VE OYUN

H. Bedii Yönetken

Türk müzik folkloru, yalnız her yerde çalınan, söylenen ve tamamen din dışı bir karakter gösteren müzikten, Türk oyun folkloru da her yerde herkes tarafından oynanan ve gene din dışı bir karakter arz eden oyundan ibaret değildir. Bektaşi- Alevi'lerin kullandıkları müzik ve oyun da Türk müzik ve oyun folkloru kadrosuna dahil bulunmaktadır. Nasıl ki, Türk Halk Edebiyatı her yerde, herkes tarafından söylenen edebiyattan ibaret olmayıp vaktiyle Bektaşi-Alevi şairlerinin yarattıkları edebiyat da Türk Halk Edebiyatı olarak kabul edilmektedir. Bundan dolayı folklor derlemelerinde Alevi ezgileri ve oyun havalarını da aramak tabii ve mecburi bir iştir. Biz 9 yıldır Anadolu'da yaptığımız derleme gezilerinde, Türk erkek-kadın ve çocuk folkloru yanında imkân ve fırsat buldukça Bektaşi-Alevi ezgilerini de plâğa almaktan ve oyunlarını fotoğraf makinesiyle tespit etmekten geri kalmadık. Bu yıl Ankara ve Çankırı illerinden sonra Kırşehir ilimizden derleme yaptık, bu orada tabii olarak Kırşehir ilimizden Hacıbektaş bucağına da gittik, orada da bazı halk ezgileri ve oyun havaları derledik. İçinde Bektaşiliğin Piri Hacı Bektaşi Veli'nin yattığı ve tekkelerin kaldırıldığı tarihlere kadar yüzyıllar boyunca Bektaşi âleminin kâbesi olmuş olan bu kasabada yaptığımız çalışma münasebetiyle bu yazımı Bektaşi'lerde müzik ve oyun folkloruna ayırıyorum.

Bektaşi-Alevi müziği ve oyununa dini müzik ve oyun diyenler varsa da biz bu düşünceye katılmıyoruz. Bunlar, müslüman - sünni - ortodoks mabedi olan camide yapılan bir müzik ve oyun olmadığından onlara Türk dini müzik ve oyunu demek doğru olmaz, bir tarikat ve mezhep kültürü olduğundan, onlara tarikati-mezhebi manada "Sectaire" demek daha doğru olur, kaldı ki, Bektaşi-Alevi ezgileri ve oyunları tam dini ve ilâhi bir karakter de taşımazlar. Muhtelif yazarların eserlerinden alınmış olan aşağıdaki satırlar bu görüşümüzü kuvvetlendiren delillerdir: (İslâmlıktan önceki hayatta kadınların da iştirak ettikleri kapuzlu kımızlı şölenlerden başka bir şey olmayan "Ayini Cem" lerinden şeriatın yasağına karşı kadın bulundu, kımız yerine üzüm suyu içildi, oruç ve namaz tevil ve tefsirle silinip yok edildi...), (...Böylece dünyevi bir mahiyet alan ve din kayıtlarından fertleri kurtaran, şeriata karşı tam bir itizal arzeden bu Rafizi fakat milli tarikat...) - Hasan Ali Yücel; "Türk edebiyatına toplu bir bakış" (.. Ve dini mevzulara aykırı olan akidelerinin istinat ettiği hiçbir hücret de ellerinde mevcut değildir...)

(.. Bektaşi şiirinin ruhunda zühüt, ibadet ve ubudiyet mefhumları da mündemiç değildi. Bu manzumelerde şeriata karşı bir istihza şemmesi bile mevcuttur.), (..Bektaşi nefeslerinde ise "Nat" mahiyetini haiz bir manzumeye bile tesadüf edilemez), (Bektaşilikte münhasıran saf İslâm akidesi bulmak mümkün değildi), (Bektaşi tekkelerinde taammüm eden bir "Raks"da mevcuttu. Dansa benzeyen ve biri kadın diğeri erkek ikişer ikişer yapılan bu raks, sazlar çalınırken ve hususi bir ika ile bestelenmiş nefesler okunurken yapılırdı.) - Sadettin Müzhet Ergün; "Türk Musikisi Antolojisi, Bektaşi Musikisi, sayfa: 410-412" (..Bunlar daha az inanırlar ve ekseriya şiirlerinde şüphe ile karışık derin istihza lemasına tesadüf olunur gibi olur.) -Fuat Köprülü; "Türk edebiyatında ilk mutasavvıflar, sayfa: 389" (..Nefeslerin besteleri tetkik edilirse bunların diğer tarikatlara ait ilâhiler arasında üslup itibariyle büyük bir fark olduğu görülür, ilahiler ne kadar mütesavvifane nağmeleri havi ise, nefesler de - güfteleriyle mütenasip olarak - o derece rindane bir üslup ile bestelenmiş eserlerdir, daha doğrusu nefesler, ilahilerden ziyade şarkılara ve bilhassa halk şarkılarına çok benzerler.) - Rauf Yekta; "İstanbul Konservatuvarı neşriyatı, Bektaşi nefesleri (I)", önsözden.

Bektaşi-Alevi müzik ve oyunlarının tam bir ilahi, dini karakter taşımadığının en iyi itiraflarını, Bektaşi-Alevi müzik ve oyunları üzerinde tetkikleriyle tanınmış, bizzat Bektaşi olan sayın Vahit Lütfi Salcı'nın kendi ifadesinden dinleyelim: (Gizli halk musikisinin hakiki karakteri lâdini'dir..), (Bunların musiki daha çok dinsiz ve daha çok Arapsızdır, tamamıyla Türk musikisidir.), "Gizli Türk Halk Musikisi". Sayfa: 22, 20- (Bu itibarla "Cem bezmi" içtimai güzel bir muaşeret adabını cami parlak bir "Sosyete" hayatıdır, daha doğrusu Türk kabilelerinin asırlardan beri alıştıkları ve gördükleri bir nevi "Bale"dir..), (16 kişilik semalar da vardır, bu nevi evvelce oynandığını bildiğimiz ve şimdi de bazı baloların sonunda oynandığını gördüğümüz "Kadril" oyununa benzer.) - Vahit Lütfi Salcı; "Gizli Türk dini oyunları" Sayfa: 30-

Bütün bu ifadeler gösteriyor ki Bektaşi müziği ve oyunu tam ilahi ve dini karakter taşıyan bir müzik ve oyun değildir. Buna rağmen az çok yakından tanıdığımız köy Alevi ezgileri ve semahları bize göre üslup ve karakter itibarıyla; diğer tamamen din dışı ezgi ve oyunlardan ayrı bir özelliği, eda ve ifadeyi haizdirler. Onlar tamamen büyük Anadolu Türk halk müziği ve oyunlarındandır.

Bektaşi-Alevi edebiyatı hakkında bilindiği gibi zengin neşriyat yapılmıştır, müziği ve raksları hakkında ise kitap halinde çıkmış iki eser Vahit

Lütfi Salcı'nın adı yukarda geçen eserleridir. Sayın Salcı bizzat Bektaşi olduğu halde halk bilgimize hizmet kaygısıyla eski Bektaşi (ser verip sır vermemek) taassubundan sıyrılarak Bektaşi halk müziği ve oyunları hakkında enteresan bilgiler vermiştir. Bu konuda bilgi edinmek isteyenlere bu eserleri okumalarını tavsiye ederiz. Biz bu konuda şimdiye kadar Anadolu köy Alevi müziği ve oyunları hakkında "Ülkü" dergisinin 1944 yılı 60'ıncı sayısında "Türk halk oyunlarından köylü Samahları" başlığı altında bir yazı neşrettik ve bu yazıda, belki bizde ilk vesika olan bir köylü samah oyununun fotoğrafını verdir.

Yukarıda bu yıl Hacı Bektaş bucağında derleme yaptığımızı söyledim, Cumhuriyetin yasağından sonra bu kasabada artık eski âdetlerden hiçbiri kalmamış, ne nefes, ne samah, ne cem, hepsi tarihe karışmış gitmiştir. Son Postnişinin oğlu, çok misafirperver Yusuf, tam modern ve Avrupai bir gençtir. Biz orada yaptığımız derlemede ancak bazı münevver kimselerden vaktiyle kulaktan kaparak işittikleri birkaç ezgi kaydedebildik. Hasan Dede'den, Seyyid Seyfi'den, Hilmi'den, Kul Mustafa'dan nefesler, Hobyari, bazı samah ezgileri, mersiyeler, miraçlama - kurban tığlanmadan önce - ve Hacıbektaş üzerine deyişler, bunlardan başka Leylekler gibi havalar ve Halay ezgileri kaydettik.

Hacıbektaş dolayları da Halay bölgesi içindedir. Rivayete göre bu dolaylarda vaktiyle Cem'lerde oynanan Samahlar (ki burada ona Semah deniyor) ağırlama ve yelleme'lerden terekküp edermiş, Cem'de saz çalana Âşık denirmiş, Samah üç erkek, üç kadın tarafından oynanırmış, yellemesi daha uzun sürermiş, sona doğru oyun hızlanırmış, dönmeler yapılırmış, oyunu "Gözcü" idare edermiş.

Fakat acaba Hacıbektaş dergâhında "Meydan evi" ve "Kırklar meydanı" denilen ve özel bir mimari ve dekoru ihtiva eden yerlerde vaktiyle neler çalınır, neler söylenir, neler oynanırdı? Oynanan samahların çeşitleri nelerdir? Ve nasıl oynanırlardı? Bugün bunları bilmeyi, tespit etmeyi çok isterdik. Bunların bir gün tespiti, Türk müzik ve oyun folkloruna çok orijinal çeşitler kazandıracaktır.

Biz bu konuda, bugün artık hiçbir manası kalmamış olan "Sır" ve taassubun kırılmasını ve birçok özel ezgi ve samah çeşitlerinin meydana çıkmasını temenni ederiz. Türk binlerce yıldan beri devam edegelen müzik ve oyun geleneklerinin önemli bir kısmını Cem'de yaşatmıştır. Cem'e sırf bedii ve tamamen profan bir gözle bakıldığı zaman onda Türk'ün müziğe ve raksa karşı ruhunda doğuştan taşıdığı ezeli ve ebedi sevgisinin tezahürü görünür. Bektaşi şairlerinin edebiyatı toplandı, tekkelerin eşyası, ait oldukları müzelere konuldu, bir gün bütün Bektaşi ve Alevi ezgilerinin ve oyunlarının da tespit edilip, ait bulundukları arşivlere konulması çoktan başlamış olan işin tamamlanmasını sağlayacaktır.

"ÜLKE" Gazetesi (Sıvas)

28 Aralık 1945

RUHİ SU İLE " SEMAHLAR" ÜZERİNE SÖYLEŞİ

Geçtiğimiz günlerde bir Devlet Kurumu'nun kapısı yıllar sonra da olsa bir büyük sanatçıya açıldı. Devlet Operası'ndaki görevine 1952'de son verilen Ruhi Su yetiştirdiği korosuyla Atatürk Kültür Merkezi'nin yeniden halka açılışında, tam yirmi altı yıl sonra ilk konserini verebildi. Tıklım tıklım dolu bir salonda Turizm ve Tanıtma Bakanı Alev Coşkun'un da izlediği bu görkemli konserin ikinci bölümünde "Semahlar" yer alıyordu. Öğrendiğimize göre, yeni uzunçalarını da "Semahlar" oluşturacaktı Ruhi Su'nun. Hep duyduğumuz, ama anlamı açık seçik bilinmeyen bir sözcüktü "Semah". Neydi? Hangi nedenlerle "Semahlar" a yönelmişti Ruhi Su? Sorduk:

– *Nedir "Semah"?*

– Bütün sözlüklere baktım, araştırdım. Yalnız Mevlevi semah ile ilgili bilgilere rastlayabildim. Alevi-Bektaşi inançlarına sahip halkımız arasında yaygın olan semahlar üzerine açıklayıcı, doyurucu bilgiler bulamadım. Kendi bildiklerime, görgülerime dayanarak söylüyorum, sema ve semah aynı sözcük. Halk Arapça sema sözcüğündeki ayın harfini atarak semah demiş.

– *İkisi arasında bir ayrım var mı?*

– Bildiğiniz gibi sema, Mevlevilerce yapılan, kuralları daha çok Mevlânâ'dan sonra saptanmış törensel bir ayinin içinde yer alan raksın adı. Müziği de bestelenmiş bir müzik. Klasik Türk Musikisi'nden kaynaklanan, tekkelerde ve kimi besteciler tarafından bestelenen bir müzik bu. Sema ile semah arasındaki temel ayrım da burada. Çünkü semahlar müziğinin kökeninde halk müziği var. Oyun da gene halktan kaynaklanan halaylar türünde bir oyun. Sonra Mevleviler'de cezbe denilen bir kendinden geçme söz konusu. Oysa semahlar hayata dönük. Sözgelimi Mevlevi semahında kadın yoktur. Semahlarda ise, kadının baskı ve peçe altında tutulduğu dönemlerde bile, kadın erkek birlikte oynarlar. Üstelik semahlar türkülüdür. Mevlevi semahında oyun oynanırken söz yoktur. Ancak naat gibi ayin bestelerinde söz vardır. Oyun sırasında, oyunun müziğine bağlı söz görülmez. Ama semahlarda türkü ile oyun iç içedir. Benzer yanları, ikisinin de dinsel bir coşkuyla yapılan rakslar olmalarıdır. Yalnız semahlar her zaman, yani olur olmaz günlerde yapılmaz. Genel olarak hasat mevsimi gibi, yılın belli zamanlarında ya da dinsel görevlerin yerine getirildiği günlerin sonunda, topluluğun daha neşeli bir havaya girmesi için şenlik biçiminde yapılır. Bir barış şöleni gibi, barış sevinci içinde. Hayata, yaşama sevincine dönük bir şenliktir bu. Sözleri dinsel de, dindışı da olsa, hep yaşama sevinciyle doludur, coşkuludur.

– *Sözleri dediniz de... Semahların içindeki türkülerin özelliği nedir? Bir işlevleri var mıdır?*

– Dinsel özle beslenen türküler kimi zaman kendi inançlarını telkin edebilir, kimi zaman da aşkı dile getirir. Türküler yoluyla öğüt verilir, tevhitler yapılır. Bir bakıma dinsel sloganlar çevresinde birleşilir. Tevhit sözcüğü de birlik, birleşme anlamını taşır zaten. Yani oyun, türkü aracılığıyla bir olma. Böylece kimi sözcüklerin müzikli yinelenmesinden yararlanılır. Semahların sonunda ise daima gülbank çekilir. Gülbank, dua demektir. Bununla da, bir bakıma gelecek için, yaşanılan zaman için iyi şeyler dilenir, yine halkın özlemleri dile getirilir.

– *Sizi semahlara yönelten bu özellikleri mi oldu?*

– Aslında yıllardır semahlar üzerine çalışıyordum. Biliyorsunuz, türkülerle bir halk klasikleri albümü yapmayı düşünüyorum. Bir bölüğünü gerçekleştirdim. Köroğlu, Pir Sultan Abdal, Yunus Emre gibi belli ozanlarla anonim türküleri ve toplumumuzun gelişmesini yansıtan yapıtları uzunçalarlarda topladım. Semahları da toplamak istiyordum. Çünkü halk türküleriyle uğraşırken Alevi-Bektaşi müziğinin dindışı nitelikler de taşıdığını gördüm. Özellikle semahlar hayatı kucaklayan türkülerdi. Gerek içerikleri, gerekse müzikleriyle öteki türkülerden ayrılıyor, başka bir bütünlük oluşturuyorlardı. Böylece ilgilendim onlarla, derlemek gereğini duydum.

– *Bir bölüğünü de bir uzunçalarda toplamayı düşündünüz...*

– Bunlar Türkiye'deki semahların, semah ezgilerinin bütünü değil kuşkusuz. Önceki plaklarımda, sözgelimi Pir Sultan'da yer alan semah ezgilerini almadım. İki ilin üç köyünden derlediğim, hiçbir yerde çıkmamış semahları ve tevhitleri derledim. Konserde de bunları sundum.

– *Tabii kendi yorumunuzla, kendi üslubunuzla...*

– Derlerken, söyler yorumlarken her zaman olduğu gibi kendi sanat anlayışım, sanatçı kişiliğim ağır basıyor. Düşüncem, dünyaya bakış açım, çağımın sorunları, özlemini çektiğimiz şeyler. Bütün bunların etkisi altında gerçekleştiriyorum yaptıklarımı. Şunu yeniden anımsatmak isterim. Gerek Alevi-Bektaşi müziği, gerekse öteki türküler sürekli değişip gelen bir müzik türüdür. Yaşadıkları için böyledir bu. Hayat değişkendir çünkü. Değiştirmeyi yapanlar da ister tek tek bireyler, ister toplum olsun, değişip gelen insanlardır. Kısaca değişen insanlardır. İşte hem toplum, hem türküleri söyleyen insanlar onlara kendi damgalarını basar, kendi üsluplarını katarlar. Ben de çağının insanı, çağdaş düşünceye sahip bir sanatçı olarak semahları çağımın gözüyle yorumladım, onlara kendi üslubumu, söyleyişimi kattım. Diyebilirim ki, her söylediğim benimdir. Hepsinin altına kendi yapıtımmış gibi imzamı atabilirim.

Konuşan: Atillâ Özkırımlı

(Cumhuriyet, 25 Kasım 1978)

DELİ GÖNÜL

(Ruhsati'den)

Nesimi Çimen

Mehmet Özbek

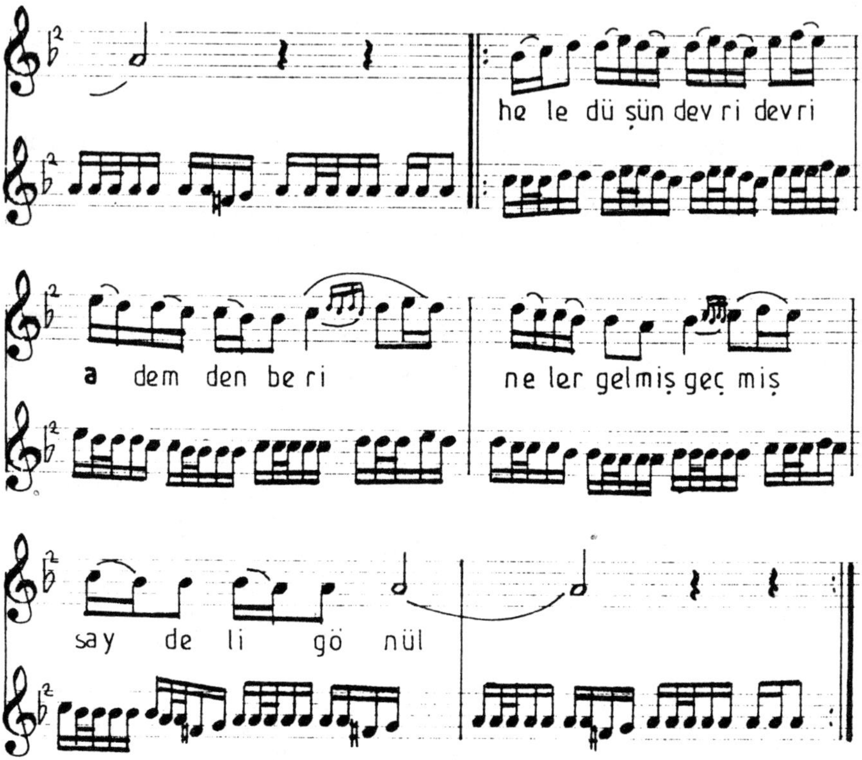
he le dü şün dev ri dev ri
a dem den be ri
ne ler gelmiş geç miş
say de li gö nül

DELİ GÖNÜL

1–

Daha senden gayri âşık mı yoktur?
Nedir bu telaşın vay deli gönül,
Hele düşün devr-i âdemden beri,
Neler gelmiş geçmiş, say deli gönül.

2–

Şu fani dünyadan umudunu yüz,
İnanmazsan var kitaba yüzbeyüz.
Evin mezaristan, malın bir top bez,
Daha duymadınsa duy deli gönül.

3–

Günde bir yol duman çöker serime,
Elim ermez gidem kisbü kârıma.
Kendi bildiğine doğrudur deme,
Var iki kâmile, sor deli gönül.

4–

Gördüm iki kişi mezar eşiyor,
Gam gasavet gelmiş, boydan aşıyor.
Çok yaşayan yüze kadar yaşıyor,
Gel de bu düyayı yor deli gönül.

5–

Mevlam kanat vermiş uçamıyorsun,
Bu nefsin elinden kaçamıyorsun.
Ruhsati dünyadan geçemiyorsun,
Topraklar başına vay deli gönül!

BİR SEHER VAKTİNDE

Erzincan
Âşık Daimi

BİR SEHER VAKTİNDE

1–

Bir seher vaktinde indim bağlara,
Öter şeyda bülbül, dil yarelenir.
Bakmaz mısın sinemde dağlara,
Derdim dökmeye dil yarelenir.

2–

Boş geçirmeyelim gel bu çağları,
Dolaşalım sahraları, dağları.
Bir gün gazel döker ömrün bağları,
Eser sam yelleri dal yarelenir.

3–

Daimi'yim yanar aşkın çırağı,
Dostun muhabbeti cennet otağı,
Ancak şu dünyada derdim ortağı,
Sazım figan eder, tel yarelenir.

MİHRİCAN MI DEYDİ
(Turabi)

Yozgat
İbrahim Bakır

Muzaffer Sarısözen

MİHRİCAN MI DEYDİ?

1–

Mihrican mı deydi, gülün mü soldu?
Gel ağlama garip bülbül ağlama.
Felek baştan başa kimi güldürdü?
Gel ağlama, garip bülbül ağlama.

2–

Şakı benim şeyda bülbülüm şakı,
Bu dünya kimseye kalır mı baki?
Sana da mı deydi feleğin oku?
Gel ağlama, garip bülbül ağlama.

3–

Gonca gül açılır hâr ile geçer,
Dertlilerin ömrü zâr ile geçer,
Turabi biçare serinden geçer,
Gel ağlama garip bülbül ağlama.

ZÜLÜF DÖKÜLMÜŞ YÜZE

Kırşehir
Neşet Ertaş **Nida Tüfekçi**

ZÜLÜF DÖKÜLMÜŞ YÜZE

Zülüf dökülmüş yüze aman,
Kaşlar yakışmış göze aman aman,
Usandım bu canımdan aman aman,
Dert ile geze geze.

Bu ellerde gez gayri aman,
Kâtip ol da yaz gayri aman aman,
Bir kazma al, bir kürek aman aman,
Mezarımı kaz gayri.

Gün doğdu aştı böyle aman,
Gönüldür coştu böyle aman aman,
Sen orada ben burda aman aman,
Ömrümüz geçti böyle.

YÜRÜ BİRE ÇİÇEK DAĞI

Sıvas
Ali İzzet Özkan

Nida Tüfekçi

YÜRÜ BİRE ÇİÇEK DAĞI

1–

Yürü bire Çiçek Dağı,
Sende suna boylum kaldı.
Hep guşların dönüm çağı,
Bülbülün goncası soldu.

Kavuştak
Bakarım ki yâr gelecek,
Yareme merhem olacak,
Mısır'a sultan olacak,
Yusuf'u Kenan'ım geldi.

2–

Göllerde küçücük suna,
Sesi hayat verir cana,
Ben ağlarım yana yana,
Firkati figanım geldi.

/kavuştak/

3–

Dedem oğlu ne hal oldu?
Dünya haldan hala kaldı.
Tez seviştik tez ayrıldık,
Ahırı pişmanım geldi.

/kavuştak/

BENİ GÖRÜP YÜZÜN ÖTE DÖNDERME

Sıvas
Nuri Üstünses

BENİ GÖRÜP YÜZÜN ÖTE DÖNDERME

1–

Beni görüp yüzün öte dönderme,
Yine benim gönlüm sendedir sende.
Yıkıp hilal kaşın da yavrum yere indirme,
Yine senin aşkın yavrum, candadır canda.

2–

Şerbet senin dudağında, dilinde,
Arzumanım kaldı ince belinde.
Sen bir güzelsin ki Türkmen elinde,
Günah bende değil, sendedir sende.

3–

Sensiz çıkıp şu yaylayı yaylayamam,
Sırrın açıp yadellere söyleyemem,
Çok günah işledim, inkâr eylemem,
Günah bende değil, sendedir sende.

BEN RAZI DEĞİLEM HİCRANA GAMA

Kuzeydoğu
Âşık Nihani **M. Sarısözen**

BEN RAZI DEĞİLEM HİCRANA, GAMA

(Sümmâni ağzı ile söylenen EMRAH'ın deyişleri)

1–

El çek tabib el çek yaram üstünden,
Sen benim derdime deva bilmezsin,
Sen nasıl tabibsin yoktur ilâcın,
Yaram yürektedir sarabilmezsin.

2–

İçerim yanıyor kendim hevai,
Çekmeyen ne bilir aşku sevdayı,
Yıktın, viran ettin kalbim sarayı,
Çünki bir taşını koyabilmezsin.

3–

Emrah'ım dinledin benim sözlerim,
Muhabbetin can evinde gizlerim,
Ne duruyon ağlasana gözlerim,
Bir daha yârini görebilmezsin.

GAM ELİNDEN BENİM ZÜLFÜ SİYAHIM

Şarkışla
İhsan Öztürk

Yavuz Top

GAM ELİNDEN BENİM ZÜLFÜ SİYAHIM

1–

Gam elinden benim zülfü siyahım,
Peykân değdi, sinem yaralandı, gel vay beni beni!
Suna başın için ağlatma beni,
Bugün sevda canda aralandı gel.

2–

Ne çekersin dertli sinem dağ olmaz,
Aylar yıllar geçer ömür çoğalmaz, vay beni beni!
Neşterlidir yaralarım onulmaz,
Güverdi çevresi karalandı gel.

3–

Gamdan hisar oldu mekânım yurdum,
İşitmez avazım, dinemez virdim vay beni beni!
Bir değil, beş değil, on değil derdim,
Düğümler baş verdi, sıralandı gel.

4–

Pir Sultan Abdalım haftada, ayda,
Günler gelir geçer, bulunmaz fayda, vay beni beni!
Gönül hak arzular, canım hay hayda,
Toprağım üstüme kürelendi gel.

GURBET ELDE YAD ELLERİN DERDİNİ

Erzincan

Ali Ekber Çiçek **Cemile Coşkun**

GURBET ELDE YAD ELLERİN DERDİNİ

1–

Gurbet elde yad ellerin derdini, ah gülüm gülüm,
Çekeyim de eyleneyim bir zaman, ah gülüm gülüm,
Yaralı sineme bal ile tuzu, ah gülüm gülüm,
Ekeyim de eyleneyim bir zaman, ah gülüm gülüm.

2–

Sahile uçurdum gönül kuşunu, ah gülüm gülüm,
Sıyırdı gidiyor dağlar başın, ah gülüm gülüm,
Mihri gibi gözlerimin yaşını, ah gülüm gülüm,
Dökeyim de eyleneyim bir zaman, ah gülüm gülüm.

3–

Pir Sultan Abdalım Seyit Nesimi, ah gülüm gülüm,
Şu âleme destan ettim sesimi, ah gülüm gülüm,
Uğrun uğrun sevdiğimin yaşını, ah gülüm gülüm,
Çekeyim de eyleneyim bir zaman, ah gülüm gülüm.

ŞAHA DOĞRU GİDEN KERVAN

Tercan
Hıdır Ersoy **Ahmet Yamacı**

ŞAHA DOĞRU GİDEN KERVAN

1–
Şaha doğru giden kervan,
Çok ağlattın, güldür beni.
Düşmüşem elden ayaktan,
Tut elimden kaldır beni.

2–
Tut elimden ferman eyle,
Gel bu derde derman eyle,
Götür yâre kurban eyle,
Öldür derse öldür beni.

3–
Arıydım baldan ayrıldım,
Ne şirin dilden ayrıldım,
Bülbüldüm gülden ayrıldım,
Gülistana kondur beni.

4–
Tut elimden düşmeyelim,
Doğru yoldan şaşmayalım,
Derdim çoktur, deşmeyelim,
Böyle yâre bildir beni.

ÇIĞRIŞIR BÜLBÜLLER

Şarkışla
Ahmet Ağırbaş

Ramazan Şenses

ÇIĞRIŞIR BÜLBÜLLER

1–

Çığrışır bülbüller gelmiyor bağdan,
Hoyrat dost bağından, yâr yâr gül aldı gitti.
Yüz bin mihnet ile bir bağ bitirdim,
Ben yâri bezettim, yâr yâr, el aldı gitti.

2–

Yüz bin mihnet çektim, bir daha gerek,
Hayli ömür ister yâr yâr, bir daha gerek.
Yâri elden aldı o kanlı felek,
Aktı gözüm yaşı yâr yâr, sel oldu gitti.

3–

Nazlı yârdan kem haberler geliyor,
Dostlarım ağlıyor yâr yâr, düşman gülüyor.
Dediler ki sefil Emrah ölüyor,
Kimi kazma kürek yâr yâr, bel aldı gitti.

GİNE BAHAR OLDU

Kars
A. Dursun Ceylani

Ahmet Yamacı

GİNE BAHAR OLDU

1–
Gine bahar oldu bezendi bağlar,
Hasretlik kâr etti gel Leylam Leylam!
Yâr senin ateşin sinemi dağlar,
Gönülde mihmanım ol, Leylâm Leylâm!
Kavuştak { Ol Leylâm Leylâm, ol Leylâm Leylâm
Ol Leylâm Leylâm, ol Leylâm Leylâm

2–
Aşkın beni vurdu, derbeder etti,
Eyüp'ten çok çektim cana kâr etti.
Yıktı bu gönlümü virane etti,
Yana yana oldum kül Leylâm Leylâm!
Kavuştak { Ol Leylâm Leylâm, ol Leylâm Leylâm
Ol Leylâm Leylâm, ol Leylâm Leylâm

3–
Leylâ Leylâ dedim dağlar başında,
Ot yayıldı çimen bitti dişimde,
Kuşlar bile yuva yaptı başımda,
Gel bana bir çare bul Leylam Leylam!
Kavuştak { Ol Leylâm Leylâm, ol Leylâm Leylâm
Ol Leylâm Leylâm, ol Leylâm Leylâm

4–
Ceylani bu halde kamandım kaldım,
Yâr senin derdinden sarardım soldum.
Ben de Mecnun gibi Leylâmı buldum,
Kendine bir çare bul, Leylâm Leylâm.
Kavuştak { Ol Leylâm Leylâm, ol Leylâm Leylâm
Ol Leylâm Leylâm, ol Leylâm Leylâm

BAŞINA DÖNDÜĞÜM KURBAN OLDUĞUM

Kars
Âşık İkrami
A. Dursun Ceylani — **M. Sarısözen**

BAŞINA DÖNDÜĞÜM KURBAN OLDUĞUM

1–

Başına döndüğüm kurban olduğum,
Ağlar dolanıram yâr deyi deyi.
Ezel bahar yaz ayları misali,
Çağlar dolanıram yâr deyi deyi.

2–

Çoktan beri terk etmişem ben yâri,
Hasta yüreğimden çıkmıyor zari.
Yanar oldu, sönmez yüreğim nari,
Dağlar dolanıram yâr deyi deyi.

3–

İkramın derdine yoktur çareler,
Eksik olmaz bu sinemde yâreler.
Aylar günler sene ile kareler,
Bağlar dolanıram yâr deyi deyi.

NAZAR GIL

Kangal
Yusuf Şahin

Ahmet Yamacı

NAZAR GIL

1–

Nazar gıl gönlüm şehrine,
Dünya fanidir sevdüğüm.
Aşuka bu cevri cefa,
Ne revadır dost sevdüğüm.

2–

İsmi müsemma Hak için,
Düşmanımı şad eyleme.
Bu benim senden umduğum,
Bir merhaba dost sevdüğüm.

3–

Gel ha gel gel can Nesimi,
Lebinde var türlü bade.
Bu harabeti biçare,
Binevadır dost sevdüğüm.

KAŞLARIN KARASINA

Sıvas
Halil Söyler **M. Sarısözen**

KAŞLARIN KARASINA

1–

Kaşların karasına (vay lele vay le)
Mim çekmiş arasına (yâr yangınam, ben vurgunam)
Seni merhem diyorlar (vay lele vay le)
Sinemin yârasına (yâr yangınam, ben vurgunam)

2–

Kaşların ince mince (vay lele vay le)
Ölürüm görmeyince (yâr yangınam, ben vurgunam)
Ben senden ayrılamam (vay lele vay le)
Kabire girmeyince (yâr yangınam, ben vurgunam)

HAYKIRDI ÇIKTI MEŞEDEN

Şavşat
Cevri Altıntaş

Nida Tüfekçi

HAYKIRDI ÇIKTI MEŞEDEN

1–
Haykırdı çıktı meşeden,
Gün tutuldu temaşadan (yârey),
Hiç korkmaz beyden paşadan,
Ayvaz bu gelen, bu gelen, vay bu gelen, vay bu gelen!

2–
Arap atın üstündedir,
Ela gözler mestindedir (yârey),
Düşman canın kastındadır,
Ayvaz bu gelen, bu gelen, vay bu gelen, vay bu gelen!

3–
Han dönem akıtma yaşı,
Yanar yüreğimin başı (yârey),
Köroğlu'nun kan kardaşı,
Ayvaz bu gelen, bu gelen, vay bu gelen, vay bu gelen!

BİR ÇİFT DURNA GÖRDÜM DURUR DALLARDA

Yozgat
İbrahim Bakır

Nida Tüfekçi

BİR ÇİFT DURNA GÖRDÜM DURUR DALLARDA

1–

Bir çift durna gördüm, durur dallarda,
Seversen mevlayı kalma yollarda.
Sizi bekleyen var bizim ellerde,
Bizim ele doğru gidin durnalar.

2–

Durnam dertli öttün, derdimi deşdin,
El vurdun, yâremin başını açdın,
Eşinden mi ayrıldın, yolun mu şaşdın?
Bizim ele doğru gidin durnalar.

3–

Fazla gitmen Deremum'a varınca,
Selam söylen eşe dosta sorunca,
Sağ selamet muradınız alınca,
Benden yâre selam edin durnalar.

DÜN MÜ BURADAYDIN?

(Telli Durna)

Adıyaman

A. Hasan Hüseyin **M. Sarısözen**

DÜN MÜ BURADAYDIN?

1–

Dün mü buradaydın, bu gün mü geldin?
Ötme garip garip sinemi deldin.
Eşimden ayrıldım ben, burda kaldım,
Yabancılar vurmuş telli durnamı.

2–

Aşk sevdası geldi, kaynadım coştum,
Yüksekten uçarken engine düşdüm.
Eşimden ayrıldım, ben burda şaşdım,
Yabancılar vurmuş telli durnamı.

GEL GÖNÜL GİDELİM

Müslüm Sümbül **Yücel Paşmakçı**

GEL GÖNÜL GİDELİM

1–

Gel gönül gidelim aşk ellerine,
Muradın yâr ise bir tane yeter.
Fikreyle kıldığın amellerine,
Havayı cehline efsane yeter.
Havayı cehline efsane yeter,
Efendim, gül yüzlüm, tabibim.

2–

Meyli dünya kılıp olma bednam,
Kim aldı felekten muradına ekâm.
Ölüm var mı yok mu anırı encam,
Vakit geçirmeye virane yeter.
Vakit geçirmeye virane yeter,
Efendim, gül yüzlüm, tabibim.

3–

Turabî özünü payımal eyle,
Erenler yolunda kesbi nal eyle,
Şu fani dünyayı bir hayal eyle,
Gelip konan göçtü nisane yeter.
Gelip konan göçtü, nisane yeter,
Efendim, gül yüzlüm, tabibim.

BENİ BİR DOST YARALADI

Lâdik
Cahit Çağlar **M. Sarısözen**

BENİ BİR DOST YARALADI

1–

Beni bir dost yaraladı beyler ey, hey!
Çekerim yâreyi de ölmezsem eğer, canım canım canım,
El vurmuş hançeri sinemi deler, hey!
Sevdakâr olurum görmezsem eğer, canım canım canım.

2–

Eksik olmaz garip başın dumanı hey!
Terk ettim küfürü, buldum imanı canım canım canım,
Dost güldüreyim derken ağlattın beni, hey!
Gözümden kan akar, silmezsem eğer, canım canım canım.

NASIL METHEDEYİM

Orhan Dağlı **Ferruh Arsunar**

NASIL METHEDEYİM

1–

Nasıl methedeyim sevdiğim seni,
İstanbul, Bursa'yı değer gözlerin.
Arasam bulunmaz ruhi revanı,
İzmir'i, Konya'yı değer gözlerin.

2–

Hüsnüne yakışır Yusuf nişanı,
Seni sevenlerin artar efkârı.
Kars'ı, Ardahan'ı, Erzurum, Van'ı,
Delhi, Buhara'yı değer gözlerin.

3–

Ben seni severim ezel ezeli,
Bana cefa etme dünya güzeli.
Bağdad'ı, Basra'yı, Acem, Şirazı,
Büsbütün dünyayı değer gözlerin.

GELDİ GEÇTİ GÜZEL

Hafik
Haydar Tatlısu
Hamza Beşyurt **Nida Tüfekçi**

GELDİ GEÇTİ GÜZEL

1–

Geldi geçdi güzellerin kervanı,
Sürüldü savruldu yârin harmanı.
Gençlik elde iken sürün devranı,
İhtiyârlıkda devran sürülmez imiş.

2–

Her gün ağlar iken nasıl güleyim,
Gönül gamda iken gülünmez imiş.
Arşa direk direk oldu tütünüm,
Başa ne gelecek bilinmez imiş.

3–

Ruhsatiyem demem binde birini,
Ferhat olan niçin sevmez Şirin'i.
Aradım kitapta buldum yerini,
Sabır gibi devlet bulunmaz imiş.

ŞU BENİM DİVANE

Kangal
A. İlyas Güldibi

M. Sarısözen

ŞU BENİM DİVANE

3–

İntizarım bak kelamâ,
Yârimden gelen selâma.
Ruzigâr doldu âleme.
Bana bâd-ı sabâ düştü,

4–

Felek bir gün cana kıyar,
Bizi kabdan kaba koyar.
Kimi atlas libas giyer,
Yârdan bize aba düştü.

5–

Kul Yusuf'um der ki kemler,
Gözümden akıttı demler.
Benim çektiğim sitemler,
Yârdan bana caba düştü.

NOT: Türkünün sözleri, notada görüldüğü gibi 1. ile 2. dörtlü aralıksız, sazdan sonra 3. ile 4. dörtlü yine aralıksız, 5. mahlas dörtlüsü ise, 2. ve 4. dörtlükler gibi icra edilir.

DOST BAĞININ MEYVELERİ

Sıvas | **Musa Eroğlu**

DOST BAĞININ MEYVELERİ

Dost bağının meyveleri erişti,
Ayva benim, turunç benim, nar benim,
Gözüm yaşı ummanlara karıştı,
Cefakârım, sitemkârım, yâr benim.

Yedi derya boz bulanık selinden,
Cümle âlem aciz kaldı dilinden,
Ben bülbülüm ayrı düştüm gülümden,
Efkâr benim, matem benim, zar benim.

Mayil oldum libasına, tacına,
Bend olmuşum siyah zülfün ucuna,
Mansur gibi asılırım saçına,
Kâkül benim, perçem benim, tar benim.

BAYRAMLAŞALIM

Çorum **M. Özbek**

BAYRAMLAŞALIM

Şu mübarek günde küsmek olur mu?
Uzat ellerini bayramlaşalım.
Tanrı selâmını kesmek olur mu?
Uzat ellerini bayramlaşalım.

Eller al giyinmiş, gider bayrama,
Şu gurbet ellerde girdim yaslara,
Selâm olsun sıladaki dostlara,
Uzat ellerini bayramlaşalım.

Yâr köyde, ben burda peri perişan,
Var mı bizim gibi bu derde düşen,
Nasib eyle mevlam yâre kavuşam,
Uzat ellerini bayramlaşalım.

Mor gülüm de al güllere yakışır,
Yavrularım yollarıma bakışır,
Bayram gelir, küsülüler barışır,
Uzat ellerini bayramlaşalım.

KİME KİN ETTİN?

Sıvas

KİME KİN ETTİN?

1–

Kime kin ettin de giydin alları?
Yakın iken uzak ettin yolları.
Mihnet ile yetirdiğim gülleri,
Vardın gittin bir kötüye yoldurdun.

2–

Sen beni sevseydin arar bulurdun,
Zülfünün telinden bağlar dururdun,
Madem ayrılıkmış senin muradın,
Niçin beni ateşine yandırdın?

3–

Hicraniyem der ki bakın halıma,
Dağlar dayanmıyor ah'ü zarıma,
Elim ermez oldu kisp-i kârıma,
Çünkü gül yüzlümü elden aldırdım.

4–

Sen seni topla da kuşağın kuşan,
Ayrılır mı senin sevdana düşen?
Sefa geldin diye sarıp sarmaşan.
Niçin benden muhabbeti kaldırdın?

EFENDİLER

Erzincan
A. Davut Sulari

EFENDİLER

Efendiler bağı beş gül ağacı,
Çiğdem bahçasında yâr yâr,
Diktik erenler diktik erenler.
Pirimin cemalin gören der hacı,
Hal bilmez elinden çektik erenler,
Çektik erenler benim cenanım.

Âşığım diyen çok kayıd olmadan,
Cevherine girsem zahit olmadan,
Cebrail Âdem'e şahid olmadan.
Kandili kudrette tektik erenler,
Tektik yârenler benim cenanım.

Davut Sulari de bir ere tabi (bir pire tabi),
Mesti elestektik aşkın şarabı,
Çeşme-i kudrette doldurdum gabı,
Gaynaya gaynaya aktık erenler,
Aktık yârenler benim cenanım.

BAĞDAT ELLERİNDEN GELEN DURNALAR

Mecidiye

A. Veli Erdem **M. Sarısözen**

BAĞDAT ELLERİNDEN GELEN DURNALAR

1–

Bağdat ellerinden gelen durnalar,
Durnalar ne haber, yârdan ne haber ey!
Şimdi benim yârim (hey hey hey hey hey) gözün sürmeler,
Durnalar ne haber, yârdan ne haber ey!

2–

Esip esip karlı dağlar aşarsın,
Kılavızın yok mu, neden şaşarsın?
Bir yazdan, bin güzden derdim deşersin,
Durnalar ne haber, yârdan ne haber ey!

3–

Katar katar gökyüzünde dönersin,
Akşama mı kaldın neden eversin?
Doğru söyle sen ey mevlâyı seversin,
Durnalar ne haber yârdan ne haber ey!

4–

Yârini öldürmüş, eli kanm'ola,
Ak gerdan üstüne çifte benm'ola,
Doğru söylen benim, yârim sağm'ola,
Durnalar ne haber, yârdan ne haber!

YÖRÜK YAYLASI

Osman Pehlivan **M. Sarısözen**

YÖRÜK YAYLASI

1–

Yörük de yaylasında aman, yaylayamadım imanım,
Divane gönlümü eyleyemedim,
Diyecek sözümü aman söyleyemedim imanım.
Kavuştak { Yaylamam yaylada kar olmayınca,
Eylemem gönlümü yâr olmayınca.

2–

Yörükler yaylasında aman, süt bakır bakır, imanım,
Sevdiğim yosmanın gözleri çakır,
Güle de bülbül konmuş, aman ne güzel şakır, imanım.
Kavuştak { Yaylamam yaylada kar olmayınca,
Eylemem gönlümü yâr olmayınca.

DULDALANMA

Kuzeydoğu **M. Sarısözen**

DULDALANMA

Duldalanma yâr mevlâyi seversen,
Yandırır cihanı şanlı gözlerin.
Ahır-ı mevtime sebeb olursun,
Tek bana gösterme gamlı gözlerin.

Kara belik ak gerdana yaslanır,
Deki görse mahcemalın uslanır.
Samsun, Diyârbekir, Van'da seslenir,
Belli her kazada ünlü gözlerin.

Gamzelerin öldürmeye yüz tutar,
Didem yaşı umman olmuş, çay tutar,
Beni görür gözün yanar, huy tutar,
Beladır başıma cinli gözlerin.

Silemedin Ruhsati'nin suçunu,
Üç güzele taratmıştır saçını.
Sarayıdım al beşiğin içini,
Sallasam uyusa nenni gözlerin.

ULU TANRI SENİ ÖVMÜŞ YARATMIŞ

Sıvas
Nuri Üstünses **Nida Tüfekçi**

ULU TANRI SENİ ÖVMÜŞ YARATMIŞ

1–

Ulu Tanrı seni övmüş yâratmış oy oy oy!
Başeylemiş güzellerin üstüne gel.
Siyah zülfün tel tel etmiş daramış oy oy oy!
Salıvermiş ince belin üstüne gel.

/ *Kavuştak* / Analar sunalar, gel hele gel!

2–

Yaz gelende köşe başı dörd olur oy oy oy!
Ak sürüye gara goyun gurd olur gel.
Göremezsem yüreğime derd olur oy oy oy!
Benim ile mercimeği daşlı da yâr.

/ *Kavuştak* /

3–

Yüce dağ başında kar ister gönül oy oy oy!
Ayvadan usandı da, nar ister gönül hey!
Lâleden sümbülden gülden usandım oy oy oy!
Yârin bahçesinden gül ister gönül, gel.

/ *Kavuştak* /

NASİB OLSA

Şarkışla
Talibi Coşkun — **M. Sarısözen**

NASİB OLSA

1–

Nasib olsa gine gitsem yaylaya,
Doya doya baksam suna boyluya.
Senin için yalvarayım mevlâya,
Belki seni bana yazar yâradan.

2–

Seni gördüm evvel bahar yazıken,
O güzellik sende ilvan nazıken.
Güller taze iken teller sazıken,
Belki seni bana yazar yâradan.

3–

Yüce dağ başında pınar gözüsün,
Sürüden seçilmiş körpe kuzusun.
Güzellerin başı yayla kızısın,
Belki seni bana yazar yâradan.

4–

Elâ göz üstüne eğmedir kaşı,
Başına bağlamış bir telli poşu.
Talibi coşkun der, bulunmaz eşi,
Belki seni bana yazar yâradan.

ELMA ATTIM YUVARLANDI

Gerede

İlhan Akgünlü **M. Sarısözen**

ELMA ATTIM YUVARLANDI

1–

Elma attım yuvarlandı,
İndi yastığa dayandı.
Ellerin yâri uyandı,
Sarsam uyanmaz, uyanmaz.

Kavuştak
Yâr bu kadar uykum'olur,
Canlar dayanmaz dayanmaz.
Şimdi baş eskiye çattık,
Bizi beyenmez beyenmez.

2–

Hamam sizin, kurna bizim,
Oturalım dizim dizim,
Gerdan bir karıştan uzun.

/ *Kavuştak* /

3–

Bizim yaylalar otl'olur
Sütü kaymağı tatl'olur
Gelinlik kız kuymatl'olur

/ *Kavuştak* /

GÜZEL, NE GÜZEL OLMUŞSUN!

Maraş
Mehmet Yanık **M. Sarısözen**

GÜZEL, NE GÜZEL OLMUŞSUN!

Güzel, ne güzel olmuşsun!
Görülmeyi görülmeyi,
Siyah zülfün halkalanmış... aman aman
Örülmeyi örülmeyi.

Mendili yuğdum arıttım,
Gülün dalında kuruttum,
Adın ne idi unuttum... aman aman
Sorulmayı sorulmayı.

Çağır Karac'oğlan çağır,
Taş düştüğü yerde ağır,
Yiğit sevdiğinden soğur... aman aman
Sarılmayı sarılmayı.

BAYIRDA GEZEN BACILAR

Kars

A. D. Ceylani **M. Sarısözen**

BAYIRDA GEZEN BACILAR

Bayırda gezen bacılar,
Yürekte yârem gıcılar,
Orda eylenin bacılar (cano can)
Göksün düğmele düğmele.

Ağzı badem, dili kişmiş,
Kirpikler gözden su içmiş,
Varmış bu çöllere düşmüş (cano can)
Acep yârim içizde mi?

SIVAS ELLERİNDE

Sıvas
Âşık Veysel

M. Sarısözen

SIVAS ELLERİNDE

Sıvas ellerinde sazım çalınır,
Çamlıbeller bölük bölük bölünür,
Yârdan ayrı düştüm bağrım delinir,
Kâtip arzuhalim yaz (Şah'a) yâre böyle,

Kul olayım kalem tutan ellere,
Kâtip arzuhalim Şah'a böyle yaz,
Şekerler ezeyim şirin dillere,
Kâtip arzuhalim yâre böyle yaz.

Pir Sultan Abdal'ım ey Hızır Paşa,
Yazılan gelirmiş sağ olan başa,
Bizi hasret koydun kavim kardaşa,
Kâtip arzuhalim Şah'a böyle yaz.

BANA KARA DİYEN DİLBER

Denizli
Musa İnan

Ahmet Yamacı

BANA KARA DİYEN DİLBER

Beni kara diye yerme,
Mevlâm yâratmış hor görme,
Elâ göze siyah sürme,
Çekilir kara değil mi?

Her yoldan gelir geçerler,
Aktan karayı seçerler,
Ağalar beyler içerler,
Kahve de kara değil mi?

Karac'oğlan der maşallah,
Bir gün görünür inşallah,
Kara donludur Beytullah,
Örtüsü kara değil mi?

BU KADAR CEVRETME

Turhal
Mehmet Aslan

M. Sarısözen

BU KADAR CEVRETME

1–

Bu kadar cevretme (hey dost) Aziz Sultanım,
Ne olur insafa (hey dost) gel bazı bazı,
Lütfu ihsan eyle (hey dost) çeşmi meralım,
Yaralı gönlümü sar bazı bazı.

2–

Coşkun sular gibi (hey dost) çağlayıp akma,
Aşkın hançerini (hey dost) sineme çakma,
Noksanım var ise (hey dost) kusura bakma,
Bildiğinden şaşar, kul bazı bazı.

3–

Sefil Kemter eydür (hey dost) lebi balımsın,
Canımın cananı (hey dost) servi dalımsın,
Sen bir merhametli (hey dost) gönlü ganisin,
Bendelere selâm sal bazı bazı.

BEN AĞLARIM YANE YANE

Sıvas

Sırrı Sarısözen **M. Sarısözen**

BEN AĞLARIM YANE YANE

1–

Ben ağlarım yane yane,
Aşk boyadı beni kane,
Ne akılem ne divane.

Kavuştak { Gel gör beni aşk neyledi,
Derde giriftar eyledi.

2–

Gâh eserim yeller gibi,
Gâh tozarım yollar gibi,
Gâh akarım seller gibi.

/ *Kavuştak* /

3–

Ben Yunus'u biçareyim,
Aşk elinden avâreyim,
Baştan ayağa yâreyim.

/ *Kavuştak* /

GÖKTEKİ YILDIZIN

Avanos
Avanoslu Selahattin **M. Sarısözen**

GÖKTEKİ YILDIZIN

1–

Gökteki yıldızın üçü terazi,
Poyrazları gördü geçti birazı.
Bu feleğin bizeymiş garazı,
Felek beni taşa çaldı neyleyim.

2–

Gökteki yıldızı fener mi sandın?
Sevip ayrılmayı hüner mi sandın?
Beni bu sevdadan döner mi sandın?
Felek beni taşa çaldı neyleyim.

3–

Bir çorap başladım başlı başına,
Felek ağu kaddı tatlı aşıma,
Yedi sene düştüm yârin peşine,
Felek beni taşa çaldı neyleyim.

SİYAH PERÇEMLERİN

Pertek
Süleyman Kaya
İsmail Oğuz

M. Sarısözen

SİYAH PERÇEMLERİN

1–

Siyah perçemlerin, gonca yüzlerin,
Garip bülbül gibi zar eyler beni.
Hilâl ebruların, ahu gözlerin,
Tığ-ı sevda ile yaralar beni.

2–

Sevda-yı aşkınla ah-u zar oldum,
Kalmadı tahammül, bikarar oldum.
Cemalin göreli sevdakâr oldum,
Korkarım ki bu dert paralar beni.

3–

Elif kaametine hayran olduğum,
Gece gündüz hayaline döndüğüm.
Hep senin içindir boyun eydiğim,
Yoksa zaptedemez buralar beni.

VARDIM Kİ YURDUNDAN AYAK GÖÇÜRMÜŞ

Bayburt **M. Sarısözen**

VARDIM Kİ YURDUNDAN AYAK GÖÇÜRMÜŞ

1–

Vardım ki yurdundan ayak göçürmüş,
Yavru gitmiş ıssız kalmış otağı,
Camlar şikest olmuş, meyler dökülmüş,
Sâkiler meclisten çekmiş ayağı.

2–

Zihni dert elinden her dem kan ağlar,
Vardım ki bağ ağlar, bağıban ağlar,
Sünbüller perişan, güller hâr ağlar,
Şeyda bülbül terk edeli bu bağı.

FELEK ŞAD OLACAK GÜNÜN GÖRMEDİM

Merzifon
A. Musa Aslan **M. Sarısözen**

FELEK ŞAD OLACAK GÜNÜN GÖRMEDİM

1–

Felek şad olacak günün görmedim, (canan görmedim)
Garip gönlüm bir efkâra düşürdün.
El uzadıp gonca gülün dermedim,
Bülbül gibi intizara düşürdün. (canan düşürdün)

2–

Bir zülfü siyahım elimden aldın. (canan aldın)
Günahım neyidi hey zalim n'oldun?
Ahırında beni gurbete saldın,
Akıl ermez bir diyâra düşürdün. (canan düşürdün)

3–

Akıl ermez şu feleğin işine (canan işine)
Doyulur mu cümbüşüne, cuşuna.
Ahırında ağu kattı aşıma,
Eyuba dert verip yâra düşürdün. (canan düşürdün)

SEYYAH OLUP

Kul Himmet **M. Sarısözen**

SEYYAH OLUP

1–

Seyyah olup şu âlemi gezerim,
Bir dost bulamadım gün akşam oldu.
Kendi efkârımla (yâr yâr) okur yazarım,
Bir dost bulamadım, gün akşam oldu.

2–

Bilmem amelimden, yoksa özümden,
Ah ettikçe kan yaş gelir gözümden,
İki elim kalkmaz (yâr yâr) oldu dizimden,
Bir dost bulamadım, gün akşam oldu.

3–

Kul Himmet üstadım ummana daldım,
Gelenden geçenden haberin aldım,
Mecnun olup şallar giyip dolandım,
Bir dost bulamadım, gün akşam oldu.

ÇİÇEKLER İÇİNDE

Silifke

Sadık Taşucu **M. Sarısözen**

ÇİÇEKLER İÇİNDE

1–

Çiçekler içinde menevşe baştır,
Güzeli gösteren göz ile kaştır,
Gurbete gidiyom mektup ulaştır,
Mektub ile konuşalım bir zeman.

2–

Şu dünyada üç nesneden korkarım,
Biri gurbet, bir ayrılık, bir ölüm,
Hiçbirinden hasta gönül şen değil,
Biri gurbet, bir ayrılık bir ölüm.

3–

Kerem der ki dağ üstüne dağ olmaz,
Ah çekenin yüreğinde yağ olmaz,
Elin kızı gelip sana yâr olmaz,
Varıp kapısına kul olmayınca.

KEKLİK GİBİ KANADIMI SÜZMEDİM

Erzincan
Salih Dündar

M. Sarısözen

KEKLİK GİBİ KANADIMI SÜZMEDİM

1–

Keklik gibi kanadımı süzmedim,
Murad alıp doya doya gezmedim,
Bu kara yazıyı kendim yazmadım,
Alnıma yazılmış bu kara yazı.

Kavuştak { Kader böyle imiş ağlarım bazı,
Gönül ey, sebeb ey!

2–

Şu gonca gülleri ben deremedim,
Çifte bülbülleri konduramadım,
Kadir kıymetimi bildiremedim.

/ *Kavuştak* /

3–

Geceleri uyku girmez gözüme,
Zalim yasdık diken oldu yüzüme,
Uyma dedim, uydun eller sözüne.

/ *Kavuştak* /

BEN BİR AVUÇ DARI OLUP

Iğdır
Abdurrahman Yörüktümen **M. Hoşsu**

BEN BİR AVUÇ DARI OLUP

Kız	Ben bir avuç darı olup yere dökülecek olsam, Goy beni nice neylersin sen, beni nice neylersin.
Erkek	Sen bir avuç darı olup yere serpilecek olsan, Ben bir güzel toyuk olup seni de yersem neylersin.
Kız	Ben bir güzel ceylan olup dağa da çıkacak olsam, Goy beni nice neylersin, sen beni nice neylersin.
Erkek	Ben bir güzel avcı olup peşine gelecek olsam, Seni de vursam neylersin, seni de vursam neylersin.
Kız	Ben bir güzel elma olup sandığa girecek olsam, Goy beni nice neylersin, sen beni nice neylersin.
Erkek	Ben bir güzel açar olup sandığı açacak olsam, Seni de yersem neylersin, balam seni de yersem neylersin.

GIZ SENİN DERDİNDEN

Tercan
A. Davut Sulari **M. Sarısözen**

GIZ SENİN DERDİNDEN

1–

Gız senin derdinden, derbeder oldum,
Bari bu ahvalim gör de sonra git.
Derbeder olmamın sebebi sensin,
Benim bu müşkülüm (ey yâr, ey yâr, ey yâr, ey yâr, ey yâr, ey yâr, ey yâr, ey yâr, ey yâr) sor da sonra git.

2–

Senin sevdan ile çekerim acı,
Hekim der ki sendedir dert ilâcı,
Bağban bir gül verse benim duacı,
Kendi öz bağından (ey yâr.......) der de sonra git.

3–

Ağırgöl dağından Gahmut yaylaya,
Hangi gün inersen çektirme gava,
Hayrani der senin gül yüzün maya,
Aç gözün âşıkın (ey yâr........) gör de sonra git.

BANA CEVREYLEYİP

Amasya

Bektaş Yıldız – Aşur Ceylan **M. Sarısözen**

BANA CEVREYLEYİP

1–

Bana cevreyleyip geyip dokunma,
Naz ederken hatırıma dokunma,

Kavuştak { Ağam da gel gel, paşam da gel gel,
Gülüm de gel, gel, gel.

Gül yerine dikenleri sokunma,
Sana has bahçada gonca güller var.

Kavuştak { Ağam da gel, gel, paşam da gel gel,
Gülüm de gel, gel, gel.

2–

Neylersin de elin gülün ararsın,
Sana has bahçada gonca güller var.

Kavuştak { Ağam da gel gel, paşam da gel gel,
Gülüm de gel, gel, gel,

Eğilip de serçeşme'den su içme,
Sana ab-ı hayat bunca göller var.

Kavuştak { Ağam da gel gel, paşam da gel gel,
Gülüm de gel, gel, gel.

BÜLBÜL NE ÖTERSİN?

Tokat

A. Veli Aydın **M. Sarısözen**

BÜLBÜL NE ÖTERSİN?

1–

Bülbül ne ötersin, virandır bağın,
Yıkılsın şehrin de çöl kalsın bağın,
Tükendi fitilim kalmadı yağım,
Yâr senin derdine ben yana yana.

2–

Kurulu yayıdım ben de açıldım,
Dolu badeyidim de indim eksildim,
Ekmekden aşdan da sudan kesildim,
Yâr senin derdine ben yana yana.

3–

Deryadan bölünmüş sellere döndüm,
Vakitsiz açılan da güllere döndüm,
Ateşi kararmış küllere döndüm,
yâr senin derdine ben yana yana.

(NOT: Bu sözlerle okunmuş bir çeşitleme, "Ötme Bülbül" ad ve 203. no. ile basılmıştır.)

GEL HA GÖNÜL

Şarkışla
İzzet Savaş

Nida Tüfekçi

GEL HA GÖNÜL

Gel ha gönül havalanma,
Engin ol gönül, engin ol.
Dünya malına güvenme,
Engin ol gönül, engin ol.

Şu dünyanın hali böyle,
Yalan yahşi geçer şöyle.
Söyledikçe engin söyle,
Engin ol gönül, engin ol.

Göğde uçar huma kuşu,
Bilmeyenler atar taşı,
Enginlik gönülün işi,
Engin ol gönül, engin ol.

Teslim Abdal özüm haktır,
Sözümün yalanı yoktur,
Engin söyle, büyüklüktür,
Engin ol gönül, engin ol.

GÖNÜL GURBET ELE GİTME

Hasan Hüseyin Gırmızıgül **M. Sarısözen**

GÖNÜL GURBET ELE GİTME

Gönül gurbet ele gitme,
Ya gelinir ya gelinmez.
Her güzele gönül verme,
Ya sevilir ya sevilmez.

Kavuştak
Gel güllüm gel, gel tellim gel,
Gel nazlım gel,
Geley geley hey!

Has bahçenin gül ağacı,
Kimi tatlı, kimi acı,
Benim derdimin ilâcı,
Ya bulunur ya bulunmaz.

/ *Kavuştak* /

Deryalarda yüzer bahri,
Doldur ver içeyim zehri,
Zalım gurbet elin kahrı,
Ya çekilir ya çekilmez.

/ *Kavuştak* /

Karac'oğlan çıksa yola,
Hızır yârdım etse kula,
Yâr denilen demir kala,
Ya alınır ya alınmaz.

/ *Kavuştak* /

ŞU YÜCE DAĞLARIN KARI

(Karacaoğlan)

Silifke
Musa Eroğlu **Musa Eroğlu**

ŞU YÜCE DAĞLARIN KARI

Şu yüce dağların karı eridi,
Sel oldu gidelim de bizim ellere.
Yaylamızı lâle sümbül bürüdü,
Gel oldu gidelim bizim ellere.

Nazlı olur güzellerin eyisi,
Deli gönül güzellerin delisi.
Gayrı bizim elin kara çalısı,
Gül oldu gidelim bizim ellere.

Karac'oğlan der ki gelir yazları,
Güzel kimden aldın da sen bu nazları.
Ananın babanın acı sözleri,
Bal oldu gidelim bizim ellere.

ŞU DÜNYADA ÜÇ ŞEY VARDIR

Orta Anadolu **Ahmet Yamacı**

ŞU DÜNYADA ÜÇ ŞEY VARDIR

Şu dünyada üç şey vardır görünür,
Ah biri keklik, biri ördek, kaz da var.
Keklik senin, ördek senin, kaz senin,
Ah suya giden top zülüflü yâr benim.

Şu bahçede üç meyva var yenilir,
Ah biri elma, biri ayva, nar da var.
Elma senin, ayva senin, nar senin,
Ah suya giden top zülüflü yâr benim.

Şu bahçede üç çeşme var içilir,
Ah biri şerbet, biri şeker, bal da var.
Şerbet senin, şeker senin, bal senin,
Ah suya giden top zülüflü yâr benim.

AÇIL MOR MENEVŞEM

Sıvas
Nuri Üstünses **M. Sarısözen**

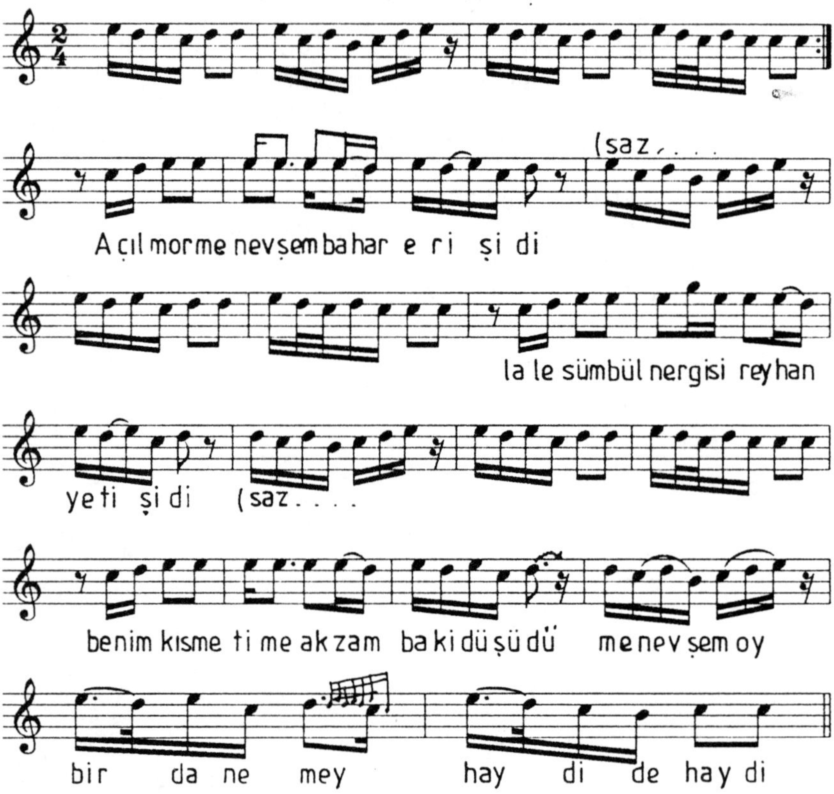

AÇIL MOR MENEVŞEM

1–

Açıl mor menevşem bahar erişdi,
Lâle, sümbül, nergis, reyhan yetişti.
Benim kısmetime ak zambak düştü,
Menevşem oy bir tanem, ey haydi de haydi.

2–

Çadır almış nerelerden gelirsin,
Benim sana yandığımı bilirsin.
Çokta sürmez benim gibi olursun,
Menevşem oy bir tanem, ey haydi de haydi.

3–

Açılmış menevşem ne güzel olmuş,
Lâlesi, sümbülü hep bize kalmış.
Seni seven gözler uykuya dalmış,
Menevşem oy bir tanem, ey haydi de haydi.

VARIP NEYLEMELİ

Adana
İboş Ağa

Kenan Sele - Tuğrul Şan

VARIP NEYLEMELİ

1–

Varıp neylemeli sılayı gayrı,
Gurbette halimi soran olmadı,
Düştüm de bunca yıl yurdumdan ayrı,
Garibim yanıma gelen olmadı.

2–

İnce, ince duman çöktü ovaya,
Kınalı keklikler döndü yuvaya,
Gel gidek gelinim, Telli Dedeye,
Bu gece düşümü yoran olmadı.

TUTAM YÂR ELİNDEN TUTAM

Erzurum **Cemil Demirsipahi - M. Sarısözen**

TUTAM YÂR ELİNDEN TUTAM

1–

Tutam yâr elinden tutam,
Çıkam dağlara dağlara.
Olam bir yâreli bülbül,
İnem bağlara bağlara.

2–

Birin bilir, binin bilmez,
Bu dünya kimseye kalmaz.
Yâr ismini desem olmaz,
Düşer dillere dillere.

3–

Emrah eydür bu günümdür,
Arşa çıkan tütünümdür.
Yâre gidecek günümdür,
Düşem yollara yollara.

BİZ CANLARI GÜLE VERMİŞİZ

Sıvas
A. Süleyman Fahri **TRT**

BİZ CANLARI GÜLE VERMİŞİZ

1–

Biz canları güle vermişiz,
Külhanları dile vermişiz,
Dünya malın sele vermişiz.

Kavuştak { Dünya size, güller bize,
Dünya size, Haydar bize.

2–

Biz güllere pervaneyiz,
Can ehline peymaneyiz,
Bülbüllere bigâneyiz.

Kavuştak { Dünya size, güller bize,
Dünya size, Haydar bize.

UCA DAĞLARIN BAŞINDA

Erzurum **Nida Tüfekçi - Mustafa Hoşsu**

UCA DAĞLARIN BAŞINDA

Uca dağların başında,
(Karlı dağların başında)
Tek atlı gezdiğin var mı?

Kavuştak { Le le le le le le le
Le le le le le le can
Tek atlı gezdiğin var mı?

Her taraftan üç beş kelle,
Terkiye bastığın var mı?
/kavuştak/

Kargının ucunu salla,
Etme düşmana eyvalla.
/kavuştak/

Köroğlu söyler şanından,
Kuş uçurmaz meydanından.
/kavuştak/

GİNE BUGÜN YARALANDIM

Erzurum

Sadettin Akatay - Faruk Kaleli **M. Sarısözen**

kı ran bel ler bü ken ev ler yı kan yıl dı
zo of (saz.....
ah yıldız
lardan ü rü san sın yıldız lardan ü rü şan
sın be nim gi bi pe ri şan sın yardan ba na

bir ni san sın yıldızı yıldızı yıl dı zo
of (saz. . . . gi ne
doğ dun sa rı yıl dız gi ne doğ dun ma vi yıl dız
yıl dı zo of

GİNE BUGÜN YARALANDIM

1–

Ah gine bugün yaralandım,
İndim etrafı dolandım,
Dertli canımdan usandım.

Kavuştak
Yıldız, yıldız, yıldız of!
Sana derler kervan kıran, beller büken,
Evler yıkan yıldız of!

2–

Ah yıldızlardan ürüşansın,
Benim gibi perişansın,
Yârdan bana bir nişansın.

Kavuştak
Yıldız, yıldız, yıldız of!
Gine doğdun sarı yıldız , mavi yıldız of!

DOSTUN BAHÇESİNE

Reşadiye
Fikriye Meşhur **Arif Meşhur**

DOSTUN BAHÇESİNE

1–

Dostun bahçesine bir hoyrat girmiş,
Korudur da benli dilber korudur.
Gülünü dererken dalını kırmış,
Kurudur da benli dilber kurudur.

Kavuştak { Neredesin de dudu dillim nerede?
Neredesin de kömür gözlüm nerede?

2–

Bu meydanda serilidir postumuz,
Çok şükür mevlâya gördük dostumuz.
Bir gün kara toprak örter üstümüz,
Çürüdür de benli dilber çürüdür.

/ *Kavuştak* /

3–

Pir Sultan Abdal'ım başımdan başlar,
İyisini kor da kemini taşlar.
Bin çiçekten bir kovana bal işler,
Arıdır da benli dilber arıdır.

/ *Kavuştak* /

DOSTU GÖRMEYE GELDİM

Malatya
Süleyman Elver **Nida Tüfekçi**

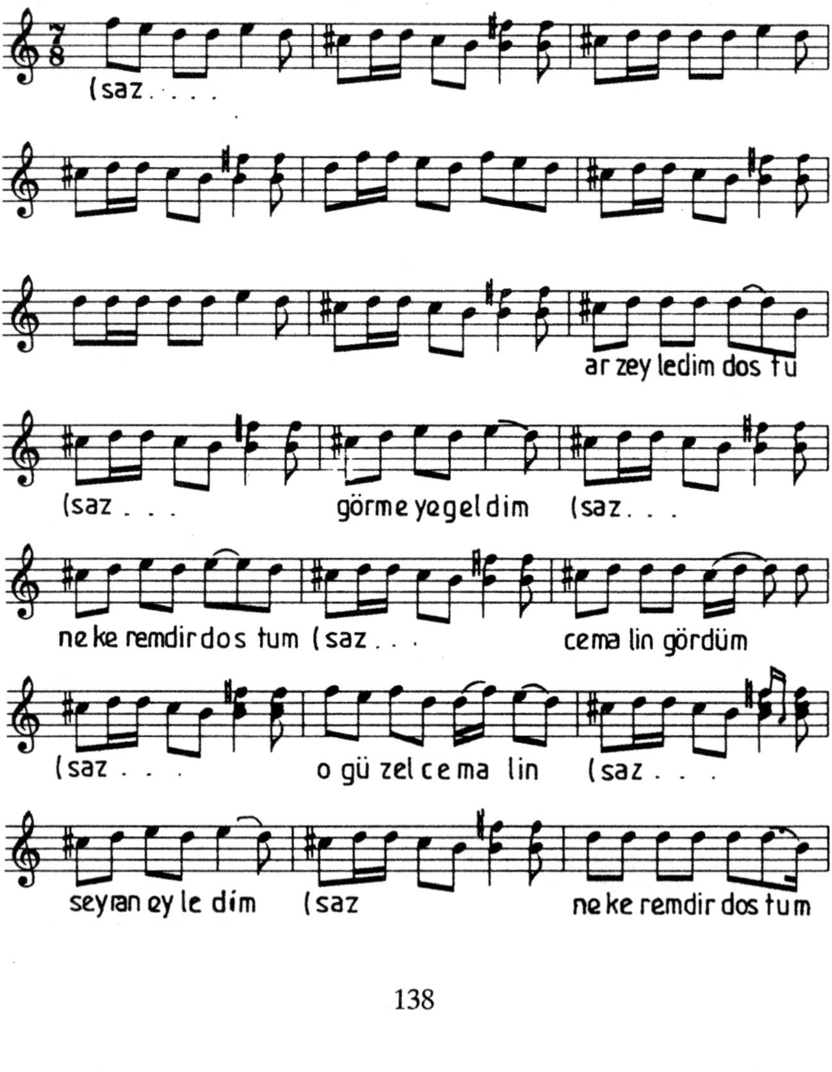

DOSTU GÖRMEYE GELDİM

1–

Arzeyledim dostu görmeye geldim,
Ne keremdir dostum cemâlin gördüm,
O güzel cemâlin seyran eyledim.

Kavuştak { Ne keremdir dostum cemâlin gördüm,
Ne keremdir dostum cemâlin gördüm.

2–

Mail oldum dostun tatlı diline,
Hayran oldum bağda biten gülüne,
Selâm verdim onun güzel iline.

/ *Kavuştak* /

3–

Her dem arzeyledim dostu görmeyi,
Yan yana oturup hatır sormayı,
Doldurup doldurup dolu sunmayı.

/ *Kavuştak* /

4–

Hüseyniyem eydir ben dostu gördüm,
Açılmış bahçadan gonca gül derdim,
Arzulayıp dostun evine geldim.

/ *Kavuştak* /

CEVAHİR TAŞINA

Çorum
İfaket Yakar

M. Sarısözen

CEVAHİR TAŞINA

1–

Cevahir taşına kıymet biçilmez,
Bulup erbabına danışmayınca.
Ezrail gelse de canım alamaz,
Hasiret yerine kavuşmayınca.

Kavuştak
Vay vay sürüm sürüm sürünesin vay!
Aman dizin dizin sürünesin vay!
Aman hazırda bir davam yok ki,
Zalim aman dizin dizin sürünesin vay!

2–

Yürü dilber yürü ömrümün varı,
Eridi kalmadı dağların karı.
Kendi gönlü ile sevmeyen yâri,
Bir daha sevmeyim tövbeler olsun!

/ *Kavuştak* /

GÖKYÜZÜNDE TÜTEN OLSAM

Çukurova
Aziz Şenses **Ahmet Yamacı**

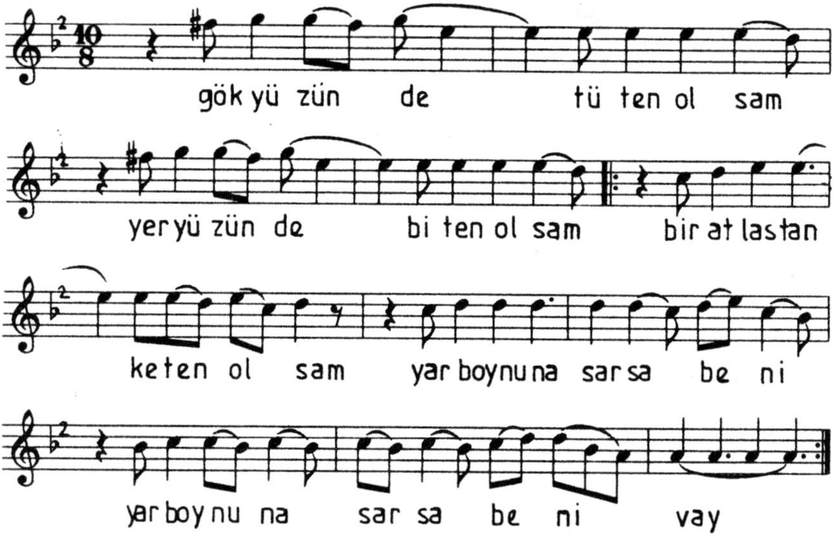

GÖKYÜZÜNDE TÜTEN OLSAM

1–

Gökyüzünde tüten olsam,
Yeryüzünde biten olsam,
Bir atlastan keten olsam,
Yâr boynuna sarsa beni, vay!

2–

Kollarında burma olsam,
Yedikleri hurma olsam,
Alçun alçun sürme olsam,
Yâr gözüne sürse beni, vay!

ARZU EDERDİNİZ
(Hüseyin Çırakman)

Sungurlu

ARZU EDERDİNİZ

Arzu ederdiniz bir yol görmeye,
Bugün bize hoş geldiniz erenler!
Muhabbet bağından hey dost güller dermeye.
Bugün bize hoş geldiniz erenler!

Tarihler boyunca bir milletiz biz,
İlimce dünyaya vermişidik hız,
Büyük bir babanın hey dost torunlarıyız,
Bugün bize hoş geldiniz erenler!

Hisse alın Çırakman'ın sözünden,
Zerre kaçmaz ariflerin gözünden,
Kemal Atatürk'ün hey dost aydın izinden,
Bugün bize hoş geldiniz erenler!

AYRILIK HASRETİ

(Âşık Sıtkı)

Âşık Nesimi Çimen

AYRILIK HASRETİ

Ayrılık hasreti kâretti cana,
Seher yeli sevdiğimden bir haber.
Selamım tebliğ et kutbi cihana,
Seher yeli sultanımdan bir haber.

Sıtkı'yam kalmışam ıssız çöllerde,
Böyle dert bulunmaz gayri kullarda.
Dilim intizarda, gözüm yollarda,
Seher yeli sevdiğimden bir haber.

DİVANA
(Meftuni'den)

Malatya
İbrahim Memo Temiz

TRT - Nida Tüfekçi

min ne tet mem ben fe le ğe a şı ğım ben
fe le ğin çar kı kı rıl sın men zil al ma
bir me le ğe
sın yo rul sun
hi çol dum gir
is ter se ba
di me le ğe
na da rıl sın
su zer di va na di va na
kü ser " " " " " "

a sık la rın
se yit mef tu
bag rı dağ lı her ta ra fı bah çe bağ lı
ni nin_ di li a ya nol sun dos ta ha li
ba zı ya van ba zı yağ lı
ta ṣa dey se aş kın ye li
ge cer di va na di va na
to zar

DİVANA

1–

Küçük yaşta gurbet elde,
Gezer divana divana.
Defteri kalemi elde,
Yazar divana divana.

2–

Minnet etmem ben feleğe,
Âşıkım ben bir meleğe.
Hiç oldum girdim eleğe,
Süzer divana divana.

3–

Feleğin çarkı kırılsın,
Menzil almasın yorulsun.
İsterse bana darılsın,
Küser divana divana.

4–

Âşıkların bağrı dağlı,
Her tarafı bahçe bağlı.
Bazı yayan bazı yağlı,
Geçer divana divana.

5–

Seyit Meftuni'nin dili,
Ayan olsun dosta hali,
Taşa deyse aşkın yeli,
Tozar divana divana.

SEHERDE BİR BAĞA GİRDİM
(Teslim Abdal)

Erzincan
Âşık Daimi

Nida Tüfekçi

SEHERDE BİR BAĞA GİRDİM

Seherde bir bağa girdim,
Ne bağ duydu ne bağbancı,
El sundum, güllerin derdim,
Ne bağ duydu ne bağbancı.

Bağın kapısını açtım,
Sayın ki cennete düştüm,
Yâr ile tenha buluştum,
Ne bağ duydu ne bağbancı.

Seherin bülbülü öttü,
Öttü de murada yetti,
Teslim Abdal yükün tuttu,
Ne bağ duydu ne bağbancı.

BUGÜN YÂRDAN HABER GELDİ

Erzincan
Âşık Daimi

BUGÜN YÂRDAN HABER GELDİ

Bugün yârdan haber geldi,
Bir bir yandan, bir bir yandan.
Eğildim bir buse aldım,
Bir bir yandan, bir bir yandan.

Güzel olanı severler,
Yanağından gül dererler,
Kulakta mengiç küpeler,
Bir bir yandan, bir bir yandan.

Baş koydum yârin dizine,
Uykular girmez gözüme,
Ağ ellerin sür yüzüme,
Bir bir yandan, bir bir yandan.

Şekerden şerbet ezerler,
İnce tülbentten süzerler,
Dört yanını almış güzeller,
Bir bir yandan, bir bir yandan.

Pir Sultan'ım gel yanıma,
Seni sarayım canıma,
Dola kolların boynuma,
Bir bir yandan, bir bir yandan.

YÂRİM SENDEN AYRILALI

Erzincan
Arif Sağ **Yılmaz İpek**

YÂRİM SENDEN AYRILALI

Yârim senden ayrılalı,
Hayli zaman oldu gel gel.
Bak gözümden akan yaşlar,
Abu revan oldu gel gel.

Kurulu yaydır yasılmaz,
Gönül yerinden kesilmez,
İçmeyince dert eksilmez,
Boş kadehler doldu gel gel.

Böyle m'olur göçüp gitmek?
Seni seveni terk etmek ?
Haram oldu yemek, içmek,
İşim figan oldu gel gel.

Kul Âşık'ım der varmağa
Halimden haber almağa
Yetiş namazım kılmağa
Seni seven öldü gel gel.

BUGÜN DOST KAPIYA GELMİŞ

(Nesimi'den)

Semah

BUGÜN DOST KAPIYA GELMİŞ

Bugün dost kapıya gelmiş,
Ben haberdar olmamışam nazlı yârim vay!
Çağırmış, ses vermiş, gitmiş,
Ben haberdar olmamışam nazlı yârim vay!

Girdin dostun bahçesine,
Girdin yârin bahçesine,
Dost cemalin görmek için,
Nazlı yârim vay!
Dost ben ile ülfet etmiş,
Ben haberdar olmamışam hey!

Gel ha gel hey Nesimi,
Hakkın nişanı sende var nazlı yârim vay!
Böyle çalınmış kalemim (Böyle yazmışlar yazımı)
Ben haberdar olmamışam hey!
(Sen haberdar olmamışsan nazlı dostum hey!)

KİME NE

(Nesimi)

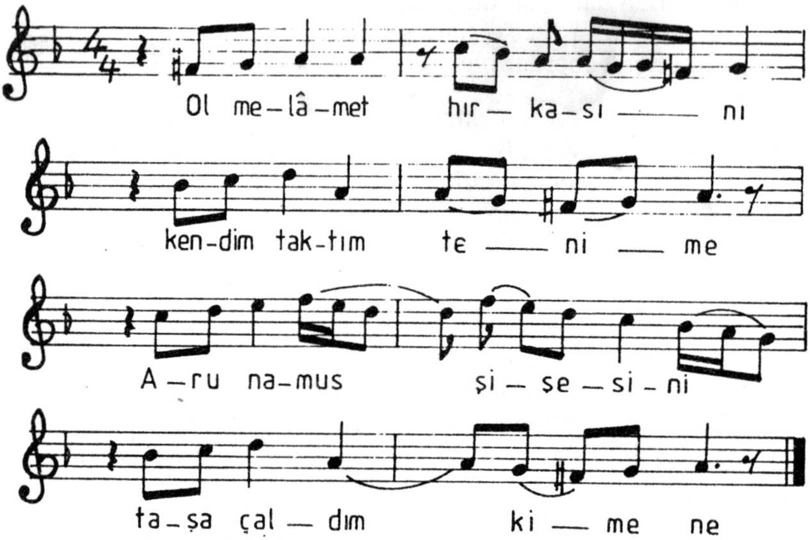

KİME NE?

Ol melamet hırkasını,
Kendim taktım tenime (eğnime),
Aru nâmus şişesini,
Taşa çaldım, kime ne?

Gâh çıkarım gökyüzüne,
Seyrederim âlemi,
Gâh inerim yeryüzüne,
Seyreder âlem beni.

Gâh giderim medreseye,
Ders okurum hak için.
Gâh giderim meyhaneye,
Dem çekerim aşk için.

Sofular haram demişler,
Aşkımın şarabına.
Ben doldurur ben içerim,
Günah benim, kime ne?

Nesimi'ye sordular ki,
Sen yârinle hoş musun?
Hoş olayım olmayayım,
Dost benimdir, kime ne?

GÜL BUDANMIŞ

(Öksüz Dede)

Semah

Hatay

GÜL BUDANMIŞ

Gül budanmış dal dal olmuş,
Menevşesi al al olmuş.
Kavuştak { Siyah zülfün tel tel olmuş yâr yâr,
Siyah zülfün tel tel olmuş.
Biz bu yerlerden gideli,
Gurbet ellere düşeli vay!

Gül karanfile karışmış,
Küskünler de hep barışmış.
Taze goncalar yetişmiş,
Biz bu yerlerden gideli.

/ *Kavuştak* /

Lâle sümbüller açılmış,
Seven sevene karışmış,
Hasret olanlar kavuşmuş,
Biz bu yerlerden gideli.

/ *Kavuştak* /

Nergisle çiğdem serpilmiş,
Yola güzeller dökülmüş,
Ergenler birbirini seçmiş,
Biz bu yerlerden gideli.

/ *Kavuştak* /

Öksüz Dede der bu sözü,
Hakka çevirmiştir özü,
Öldü zannettiler bizi,
Biz bu yerlerden gideli.

SUNAM
(Pir Sultan)

Sıvas

SUNAM

Sabahtan cemâlin seyran eyledim,
Gönüller perişan elinden sunam.
Nice bekliyeyim gurbet ellerde,
Hiç bilir yok mudur halinden sunam.

Sen seher yelisin, gider gelmezsin,
Gelirsen de bana bakî kalmazsın,
Seni uçuranlar baki kalmasın,
Seni kim uçurdu gölünden sunam.

Pir Sultan Abdal'ım cemâlin güzel,
Aradım bulamadım bir haber yazar,
Şimdi senin ismin cenneti gezer,
Kalma bizim için yolundan sunam.

YEŞİL ÖRDEK GİBİ

Sıvas **M. Sarısözen**

YEŞİL ÖRDEK GİBİ

Yeşil ördek gibi daldım göllere,
Sen düşürdün beni dilden dillere,
Başım alıp gidem gurbet ellere,
Ne sen beni unut, ne de ben seni.

Sevdiğim semanın güneşi, mahı,
Seni seven âşık çekmez mi ahı?
Getir el basayım kelâmullahı,
Ne sen beni unut, ne de ben seni.

Gel seninle bir ahduman kuralım,
Bağlanalım, bir karara varalım.
Verdiğimiz sözde hemen duralım,
Ne sen beni unut, ne de ben seni.

HAKİKAT BİR GİZLİ SIRDIR

(semah ağırlaması)

Selim Kasap **Ahmet Günday**

HAKİKAT BİR GİZLİ SIRDIR

Hakikat bir gizli sırdır,
Bilemezsin demedim mi?
Bu bir rıza lokmasıdır,
Yiyemezsin demedim mi?

Açıldı cennet kapısı,
Yazıldı devran yazısı,
Kıldan incedir köprüsü,
Geçemezsin demedim mi?

Ben seni sevdim seveli,
Olmuşum divane deli,
Yol Muhammed-Ali yolu,
Süremezsin demedim mi?

BİR KIZ İLE BİR GELİNİN
(semah)

Fethiye
Tahtacılar'dan

Muzaffer Sarısözen

ka dir mev lâm hob ya rat mış
yar ya ron la rı
hi lâl hi lâl
kaş la rı nın yar yar a ra sı i ma nım da
yar yar a ra sı

birse lamgönderdi m küçücek
dos ta o ra danyol la sın gül deste des te
kal mı
şam gur bet te olmuşam hasta ya rin

BİR KIZ İLE BİR GELİNİN

Bir kız ile bir gelinin bahsi var,
İkisinin cüda düşmüş yâresi,
Kadir mevlam hob yâratmış onları,
Hilâl hilâl kaşlarının arası.

Bir selam gönderdim küçücek dosta,
Oradan yollamış gül deste deste,
Kalmışam gurbette, olmuşam hasta,
Yârin yaylasından kar ister gönül.

GURBET ELDE
(Pir Sultan)

Erzincan
Ali Ekber Çiçek

Ali Ekber Çiçek

GURBET ELDE

Gurbet elde bir hal geldi başıma... geldi başıma,
Ağlama gözlerim Mevlâ kerimdir... Mevlâ kerimdir.
Derman arar iken derde düş oldum.
Ağlama gözlerim Mevlâ kerimdir... Mevlâ kerimdir

Hüma kuşu yere düştü ölmedi... düştü ölmedi,
Dünya Sultan Süleyman'a kalmadı,
Dedim yâre gidem nasip olmadı,
Ağlama gözlerim ağlama... Mevlâ kerimdir.

Kâğıda yazarlar ufak yazılar... ufak yazılar,
Anasız olur mu körpe kuzular?
Yürek yârelidir, ciğer sızılar,
Ağlama gözlerim Mevlâ kerimdir... Mevlâ kerimdir.

Pir Sultan Abdal'ım böyle buyurdu,
Ayrılık donların biçti, giyirdi,
Ben ayrılmaz idim, felek ayırdı,
Ağlama gözlerim Mevlâ kerimdir... Mevlâ kerimdir.

ALİ YÂR SEMAHI

İçel / Mut **Musa Eroğlu**

ALİ YÂR SEMAHI

Varıp bir pir ile bazar edersin,
Oturup da ikrarını güdersin,
Sordum garip bülbül niçin ötersin?
Dedi çekticeğim hârın elinden.

Serçeşmeden gelir suyun durusu,
Nasibimiz verir pirin birisi,
Dedim Pir Sultan'ım benzin sarısı,
Dedi çekticeğim yârin elinden.

MEHMAN CANLAR

(Şah Hatayi)

Eskişehir
İbrahim Çiftçi

M. Uludemir

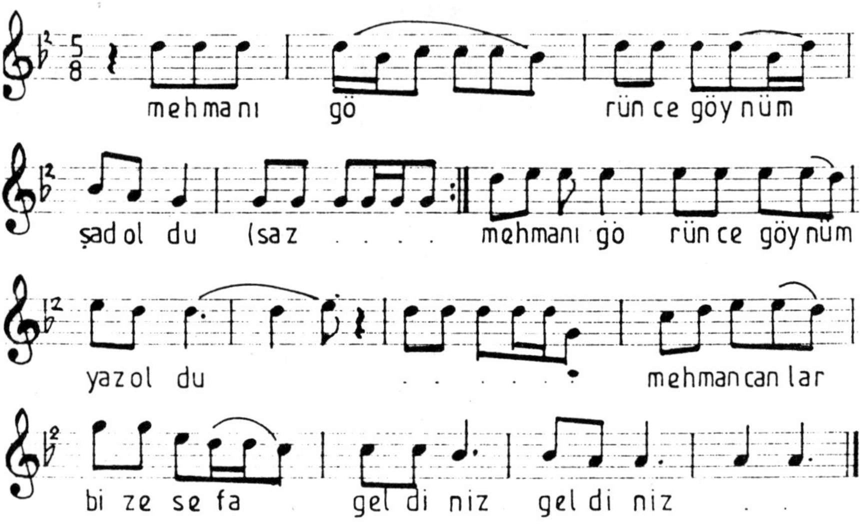

MEHMAN CANLAR

Mehmanı görünce gönlüm şad oldu,
Mehman canlar bize sefa geldiniz.
Mehmanı görünce göynüm yaz oldu,
Mehman canlar bize sefa geldiniz.

Hak kahretti yere misafir salmaz,
Eker, biçer amma minnesin bulmaz.
Didinir, dirinir, eğsiği dolmaz,
Mehman canlar bize sefa geldiniz.

Dua edem bize misafir gele,
Misafir nasibin bile getire.
Çolumuz, çocumuz hep Hızır bile,
Mehman canlar bize sefa geldiniz.

Mehman dediğin de Ali der Veli,
Mehman ev sahibinin hem gonca gülü.
Mehman dört kapının hem datlı dili,
Mehman canlar bize sefa geldiniz.
....
Hatayi'nin sözün verir rehbere,
Mehman canlar bize sefa geldiniz.

(Bak: Evlerinin önü – Cahit Öztelli – Hürriyet)

ŞU SAZIMA BİR DÜZEN VER
(Âşık Ali İzzet Özkan)

Sıvas **Ahmet Günday**

ŞU SAZIMA BİR DÜZEN VER

Şu sazıma bir düzen ver,
Teller de muradın alsın.
Gel beni bir tenhada bul,
Diller de muradın alsın oy oy!

Gel gidelim bizim ele,
Düşmeyelim dilden dile,
Diken sarmış gonca güle,
Güller de muradın alsın oy oy!

Bugün bayram barışalım,
Tenhalarda buluşalım,
Aç gözünü bakışalım,
Gözler de muradın alsın oy oy!

Bazan uğra bizim ele,
Sana bakam doya doya,
Al ceylanı in ovaya,
Çöller de muradın alsın oy oy!

Ali İzzet görüşelim,
Bugün bayram barışalım,
Aç kolların sarışalım,
Kollar da muradın alsın oy oy!

NASİHAT

Çorum
Ali Yücer - İsmail Yılmaz **M. Sarısözen**

NASİHAT

Dinle sana bir nasihat edeyim,
Hatırdan gönülden geçici olma.
Yiğidin başına bir hal gelince,
Onu yadellere açıcı olma... aleyli, aleyli, aleyli,
Mecliste arif ol, kelamı dinle... a canlar ey!

Mecliste arif ol kelamı dinle,
El iki söylerse, sen de bir söyle,
Elinden geldikçe sen iyilik eyle,
Hatıra dokunup yıkıcı olma...
El ariftir yoklar senin fendini...

El ariftir yoklar senin fendini,
Dağıtırlar tuzağını, bendini,
Alçaklarda otur gözet kendini,
Katı yükseklerde uçucu olma...
Pir Sultan Abdalım sözün başarır...

Pir Sultan Abdalım sözün başarır,
Aşkın deryasını baştan aşırır,
Seni bir mecliste hacil düşürür,
Kötülerde konup göçücü olma...
Mecliste arif ol, kelamı dinle...

ŞAHI MERDAN'IN AVAZI
(Pir Sultan)

Vahit Dede

ŞAHI MERDAN'IN AVAZI

1–

Şahı Merdan'ın avazı,
Turna derler bir kuştadır.
Asası Nil denizinde,
Hırkası bir derviştedir.

2–

Nil denizi umman dolu,
Sarardı gül benzim soldu,
Bakışı aslanda kaldı,
Ali'nin darbı koçtadır.

3–

Özen pirim oğlu özen,
Var kendine bir dost kazan,
Hayrını şerrini yazan,
Sağ yanında Ferişteh'dir.

4–

Ali'm etmezdi benliği,
Kalbinde yoktu kinliği,
Zülfikârın keskinliği,
Zerrecesi kılıçtadır.

5–

Nerde Pir Sultan'ım nerde?
Canım feda olsun merde.
Yemen'den öte bir yerde,
Hâlâ Düldül savaştadır.

MADEM DİLBER

Ankara **Ahmet Yamacı**

MADEM DİLBER

Madem dilber meylin yoğudu bende,
Ezelinden ikrar vermeyeyidin.
Muhabbettir güzelliğin nişanı,
Uğrun uğrun bakıp gülmeyeyidin.

Siyah saçlarını eylersin perde,
Beni sen uğrattın bin türlü derde,
Ben kendi halımda gezdiğim yerde,
Çağırıp yadigâr vermeyeyidin.

Karacaoğlan der ki ey mahı mestim,
Kaşla göz edersin benimi kestin,
Severler güzeli darılma dostum,
Darıldıysan güzel olmayayıdın.

KARŞIDA GÖRÜNEN NE GÜZEL YAYLA

(Dosta Giderim)

Sıvas **Hamdi Tanses**

KARŞIDA GÖRÜNEN NE GÜZEL YAYLA

Karşıda görünen ne güzel yayla,
Bir dem süremedim giderim böyle,
Elâ gözlü perim sen himmet eyle,
Ben de bu yayladan Şah'a giderim.

Eğer göğerüben bostan olursam,
Şu halkın diline destan olursam,
Kara toprak senden üstün olursam,
Ben de bu yayladan Şah'a giderim.

Bir bölük turnaya sökün dediler,
Yürekteki derdi dökün dediler,
Yayladan ötesi yakın dediler,
Ben de bu yayladan Şah'a giderim.

Dost elinden dolu içmiş gibiyim,
Üstü kan köpüklü meşe seliyim,
Ben bir yol oğluyum, yol sefiliyim,
Ben de bu yayladan Şah'a giderim.

Alınmış abdestim aldırırlarsa,
Kılınmış namazım kıldırırlarsa.
Sizde Şah diyeni öldürürlerse,
Ben de bu yayladan Şah'a giderim.

Pir Sultan Abdal'ım dünya durulmaz,
Gitti giden ömür geri durulmaz.
Gözlerim de Şah yolundan ayrılmaz,
Ben de bu yayladan Şah'a giderim.

ŞU KARŞI YAYLADA GÖÇ KATAR KATAR

Tercan
Hıdır Ersoy

Muazzez Türüng

ŞU KARŞI YAYLADA GÖÇ KATAR KATAR

Şu karşı yaylada göç katar katar,
Bir güzel sevdası serimde tüter,
Bu ayrılık bana ölümden beter,
Geçti dost kervanı, eyleme beni.

Şu benim sevdiğim başta oturur,
Bir güzelin derdi beni bitirir,
Bu ayrılık bize zulum getirir,
Geçti dost kervanı, eyleme beni.

Pir Sultan Abdal'ım kalkın aşalım,
Aşıp yüce dağı engin düşelim,
Çok nimetin yedik helallaşalım,
Geçti dost kervanı, eyleme beni.

GİNE DERTLİ DERTLİ İNİLİYORSUN
(semah)

Sıvas / Divriği

2.
mi . . . . yok sa sa na yad dü zen mi
düz dü ler perde le rin tel tel e dip
üz dü ler tel le ri ni sır ma dan mı
süz dü ler al lı da dur nam tel li de dur nam
si nende ya ra lan dı mı yok sa ci ğer
le rin pa re len di mi . . . . .
ha va yı e yi de li gö nül ha va yi

ay doğ ma dan şav kı dut muş o va yı
türk men kı zı ka ta ret· miş ma ya yi
çe kip gi der bir göz le ri sür me li
ha yi hay çe ki pi gi de ri
bir göz le ri sür me li
çe kip gi de ri çe kip gi de ri bir göz le ri sür me li
kuru kütük

yan ma yın ca tü ter mi ak ger dan da çif te ben ler
bi ter mi vak ti gel me yin ce bül bül ö ter mi
ö tüp gi der bir göz le ri sür me li . . . . .
. . . . hay ha yı hay ha yı
de re ke na rın da yer ler hur ma yı kı la vuz e
der ler tel li dur na yı ak göğ sü nüs tün de i lik
düğ me yi çö züp gi der bir göz le ri sür me li

hayi ha yi hayi ha yi çözüp gider
bi gözleri sürme li . . .
. . . . kara coğlan
der ki geçti ne fay da
bi ve fa kal ma dı o ki le yay da
bi ve fa kal ma dı o ki le yay da

GİNE DERTLİ DERTLİ İNİLİYORSUN

Gine dertli dertli iniliyorsun,
Sarı durnam sinen yaralandı mı?
Hiç el deymeden iniliyorsun,
Sarı durnam sinen yaralandı mı?
Yoksa ciğerlerin parelendi mi?

Yoksa sana yad düzen mi düzdüler,
Perdelerin tel tel edip üzdüler,
Tellerini sırmadan mı süzdüler,
Allı da durnam (telli de durnam) sinen yaralandı mı?
Yoksa ciğerlerin parelendi mi?

Havayı deli gönül havayı,
Ay doğmadan şavkı tutmuş ovayı,
Türkmen kızı katar etmiş mayayı,
Çekip gider bir gözleri sürmeli,
Hay hay, çekip gider bir gözleri sürmeli.

Kuru kütük yanmayınca tüter mi?
Ak gerdanda çifte benler biter mi?
Vakti gelmeyince bülbül öter mi?
Ötüp gider bir gözleri sürmeli.

Hay hay, dere kenarında yerler hurmayı,
Kılavuz ederler telli durnayı,
Ak göğsün üstünde ilik düğmeyi,
Çözüp gider bir gözleri sürmeli,
Hay hay hay hay, çözüp gider bir gözleri sürmeli.

YÜCE DAĞ BAŞINDA BİR GOYUN MELER

(semah)

Fethiye
Ahmet Günday

Talip Özkan

yar ya ra man da vaz geç gu zu
dan ya ra man da vaz geç gu zu
dan (saz . . . .
go yu nu gü det sin
gu zu güt mez sin güt dü
ce ğin yerler de ot lar bit me sin ah
yar yar dost dost me det yar yar yar
dost ya rim yar yar (saz . . .
kız ba
el ma
na ge ley din ö lür mün na cın dan kız ba na ge leydin
nı ni ri si ni yü ke — du tar lar el ma nı ni ri si

n ö lür mü na cın dan ö güt ler mi al dın a nan
ni yü ke du tar lar çü rük ça rı ğı nı ya ba
dan ba cın dan ö güt ler mi al dın a man dan
na a tar lar çü rük ça rı ğı nı ya ba na
ba cın dan kız be nö lü yo rum a ha ma
a tar lar kı zı len ge lı ni " " "
na ma na man se ni nö cün den es ki den sev
" " " " bir mi tu tar lar yor ma ge lin
di yim sen de ğil mi sin ye ni le se di ğim sen de ğil
yor ma sey ran se nin dir yor ma ge lin yor ma sey ran
mi sin se nin dir hün ka rım be yi ma man sul ta nım
ca nı mam man dö nü ver u sul boy lum mey da na ge li nam man
hün kâ rım be yi ma man sul ta nım ca nı mam man dö nü ver
u sul boy lum mey da na ge lin yar ge lin

YÜCE DAĞ BAŞINDA BİR GOYUN MELER

1–

Yüce dağ başında yâr aman da bir goyun meler, yâr aman da bir goyun meler,
Goyunun sesleri de yâr aman da, bağrımı deler, yâr aman da bağrımı deler,
Ne melersin goyunum yâr aman da vazgeç guzudan, yâr aman da vazgeç guzudan,
Goyunu güdersin guzu gütmezsin,
Gütdüceğin yerlerde otlar bitmesin,
Ah yâr yâr, dos dost medet, yâr yâr yâr, dost yârim yâr yâr.

2–

Kız bana geleydin ölürmün acından?
Öğütler mi aldın anandan bacından?
Kız ben ölüyorum (Ah aman aman aman) senin öcünden,
Eskiden sevdiğim sen değil misin?
Yenile sevdiğim sen değil misin?

3–

Elmanın irisini yüke tutarlar,
Çürük çarığını yabana atarlar,
Kızilen gelini (Ah aman aman aman) bir mi tutarlar?
Yorma gelin yorma, seyran senindir.

4–

Hünkârım beyim aman, sultanım canım aman,
Dönüver usul boylum, meydana gelin aman,
Hünkârım beyim aman, sultanım canım aman,
Dönüver usul boylum, meydana gelin, yâr gelin.

KARA TOPRAK

Sıvas
Âşık Veysel

KARA TOPRAK

Dost dost diye nicesine sarıldım,
Benim sadık yârim kara topraktır.
Beyhude dolandım, boşa yoruldum,
Benim sadık yârim kara topraktır.

Nice güzellere bağlandım kaldım,
Ne bir vefa gördüm, ne fayda buldum.
Her türlü istediğim topraktan aldım,
Benim sadık yârim kara topraktır.

Koyun verdi, kuzu verdi, süt verdi,
Yemek verdi, ekmek verdi, et verdi,
Kazma ile dövmeyince kıt verdi,
Benim sadık yârim kara topraktır.

Âdem'den bu deme neslim getirdi,
Bana türlü türlü meyve bitirdi,
Her gün beni tepesinde götürdü,
Benim sadık yârim kara topraktır.

Karnın yârdım kazmayınan, belinen,
Yüzün yırttım tırnağınan, elinen.
Yine beni karşıladı gülünen,
Benim sadık yârim kara topraktır.

İşkence yaptıkça bana gülerdi,
Bunda yalan yoktur, herkes de gördü,
Bir çekirdek verdim, dört bostan verdi,
Benim sadık yârim kara topraktır.

Havaya bakarsam hava alırım,
Toprağa bakarsam dua alırım,
Topraktan ayrılsam nerde kalırım,
Benim sadık yârim kara topraktır.

Bir dileğin varsa iste Allah'tan,
Almak için uzak gitme topraktan,
Cömertlik toprağa verilmiş Hak'tan,
Benim sadık yârim kara topraktır.

Hakikat istersen açık bir nokta,
Allah kula yakın, kul da Allah'a,
Hakkın gizli hazinesi toprakta,
Benim sadık yârim kara topraktır.

Bütün kusurumu toprak gizliyor,
Merhem çalıp yaralarım düzlüyor,
Kolun açmış yollarımı gözlüyor,
Benim sadık yârim kara topraktır.

Her kim ki olursa bu sırra mazhar,
Dünyaya bırakır ölmez bir eser,
Gün gelir Veysel'i bağrına basar,
Benim sadık yârim kara topraktır.

ŞU FANİ DÜNYAYA
(Pir Sultan)

Eskişehir
Ali Karabıyık

Muammer Uludemir

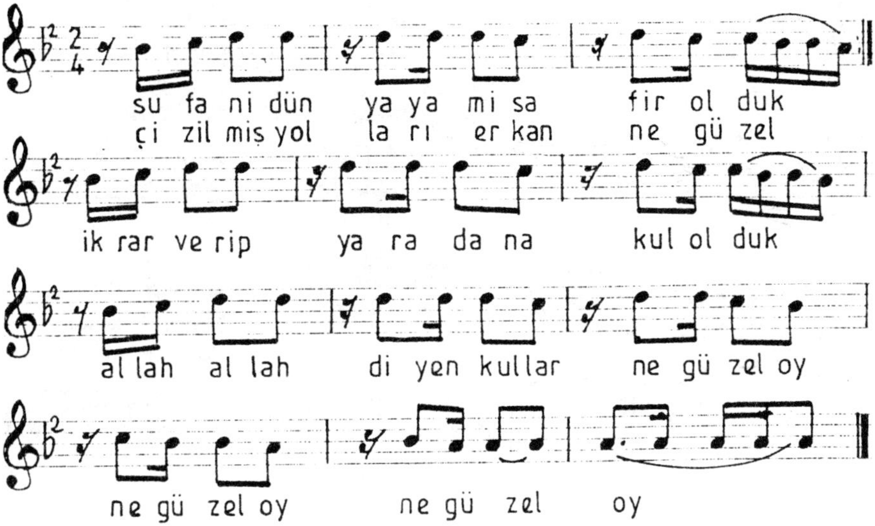

ŞU FANİ DÜNYAYA

Şu fani dünyaya misafir olduk,
Çizilmiş yolları erkân ne güzel!
İkrar verip yâradana kul olduk,
Allah Allah diyen kullar,
ne güzel (oy)!

Kimi İsa, gökyüzüne yürüdü,
Kimi Musa, Turi Sina'ya döndü,
Kimi Yusuf, zindanlarda çürüdü,
Mihraç edip dönen kullar,
ne güzel (oy)!

Doğdun Pir Sultan'ım Hak
kapusunda,
Gününü geçirdin Hak yapusunda,
Son zamanda, mezarının başında,
Eyvah eyvah diyen kullar,
ne güzel (oy)!

SARHOŞ OLMADAN

Eskişehir
Ali Karabıyık

Muammer Uludemir

SARHOŞ OLMADAN

Şu sofranda nevi kevser bal olsa,
Vallahi içemem sarhoş olmadan,
Sırat benim için düzgün yol olsa,
Vallahi geçemem sarhoş olmadan.

Dostun cemaline kılsam niyazı,
Mekân kursam Medine'yi, Hicaz'ı,
Allah deyüp Müslümanlık namazı,
Vallahi kılamam sarhoş olmadan.

PİR SULTAN'ım başa geldin cihana,
Dünya nimetleri dursun bir yana,
Açılsa cennetin kapusu bana,
Vallahi geçemem sarhoş olmadan.

GÖNÜL NE GEZERSİN SEYRAN YERİNDE

Eskişehir
Ali Tutku

Muammer Uludemir

GÖNÜL NE GEZERSİN SEYRAN YERİNDE

Gönül ne gezersin seyran yerinde,
Âlemde her şeyin var olmayınca.
Olura olmaza dost deyüb gezme,
Bir ahdine bütün yâr olmayınca.

Yürü sofi yürü, yolundan azma,
İlin gıybetine kuyular kazma,
Varub her dükkânda metain çözme,
Yanında mürşidin var olmayınca.

Kalktı, havalandı gönülün kuşu,
Kavga, gıybet etmek kötünün işi,
Üstadın tanımaz bunda her kişi,
Anın kim müşidi er olmayınca.

Varub bir kötüye sen olma nöker,
Çerhine değer de dolunu döker,
Ne Hüda'dan korkar, ne hicap çeker,
Bir kötüde namus, ar olmayınca.

Şah Hatayi'm edem bu sırrı beyan,
Kâmil midir cahil sözüne uyan?
Bir baştan ağlamak ömredir ziyan,
İki baştan muhib yâr olmayınca.

GAFİL GEZME ŞAŞKIN

(Kul Himmet)

Sivas

M. Sarısözen

GAFİL GEZME ŞAŞKIN

Gafil gezme şaşkın,
Bir gün ölürsün,
Hey can ölürsün.
Dünya kadar malın leyli / 8,
Olsa ne fayda!
Söyleyen dillerin, söylemez olur,
Bülbül gibi dilin,
Olsa ne fayda, olsa ne fayda.

Kul Himmet üstadım,
Gelse otursa,
Hey can otursa,
Hakkın kelamını leyli / 8,
Dile getirse.
Dünya benim değil zapta geçirse,
Karun kadar malın ,
Olsa ne fayda, olsa ne fayda!

ALİM NE YATARSIN
(Pir Sultan Abdal)

Sivas **Ruhi Su**

ALİM NE YATARSIN

Gözleyi gözleyi gözüm dört oldu,
Alim ne yatarsın günlerin geldi.
Korular kalmadı kara yurt oldu,
Ali'm ne yatarsın günlerin geldi.

Sancak gele Kazova'ya dikile,
Münâfık başına taşlar döküle,
Mümin olan da Hakka çekile,
Alim ne yatarsın günlerin geldi.

Kızılırmak gibi bendinden boşan,
Hama'dan, Mardin'den Sivas'a döşen,
Düldül eğerlendi Zülfikâr kuşan,
Alim ne yatarsın günlerin geldi.

Sene tekmil olduğunu bildiler,
Yezid münâfık gömleğin giydiler,
Kasdeyleyüb imamlara kıydılar,
Alim ne yatarsın günlerin geldi.

Abdal Pir Sultan'ım bu sözüm haktır,
Vallâhi sözümün hatası yoktur,
Şimdiki sofunun yezidi çoktur,
Alim ne yatarsın günlerin geldi.

EŞREFOĞLU
(Kul Hasan Dede)

Ankara **Vahit Dede**

EŞREFOĞLU

Eşrefoğlu al haberi,
Bahçe biziz gül bizdedir,
Biz de Mevlâna'nın kuluyuz,
Yetmiş iki dil bizdedir.

Erlik midir eri yormak,
Uzak yoldan haber sormak,
Cennetteki ol dört ırmak,
Coşkun akan sel bizdedir.

Arı vardır uçup gezer,
Teni tenden seçip gezer,
Canan bizden kaçıp gezer,
Arı biziz, bal bizdedir.

Biz erenler gerçeğiyiz,
Has bahçenin çiçeğiyiz,
Hacı Bektaş köçeğiyiz,
Edep erkân yol bizdedir.

Kuldur Hasan Dedem kuldur,
Manayı söyleten dildir,
Elif Hak'ka doğru yoldur,
Cim arasan dal bizdedir.

UYUR İKEN UYARDILAR
(Pir Sultan Abdal)

Sıvas **Vahit Dede**

UYUR İKEN UYARDILAR

Uyur iken uyârdılar,
Diriye saydılar bizi,
Koyun olduk, ses anladık
Sürüye saydılar bizi.

Halımızı hal eyledik,
Yolumuzu yol eyledik,
Her çiçekten bay eyledik,
Arıya saydılar bizi.

Pir Sultan Abdalım şurda,
Çok keramet var insanda,
Ol cihanda, bu cihanda,
Veliye saydılar bizi.

HARARET NARDADIR

(Hacı Bektaşi Veli)

Ordu
Hamdi Tanses

Hamdi Tanses

HARARET NARDADIR

Hararet nardadır, sacda değildir,
Keramet baştadır, tacda değildir,
Her ne arar isen kendinde ara,
Kudüs'te, Mekke'de, Hac'da değil.

Sakın bir kimsenin gönlünü yıkma,
Gerçek erenlerin sözünden çıkma,
Eğer insan isen ölmezsin korkma,
Âşığı kurt yemez uçta değildir.

UYKUDAN UYANMIŞ

Erzurum

A. Dursun Ceylani **M. Sarısözen**

UYKUDAN UYANMIŞ

Uykudan uyanmış gözleri bir hoş,
Dedim sarhoş musan söyledi yoh yoh!
Ağ elleri boğum boğum gınalı,
Dedim yâr bayram mı, söyledi yoh yoh!

Dedim kalem nedir, dedi kaşımdır,
Dedim inci nedir, dedi dişimdir,
Dedim onbeş nedir, dedi yaşımdır,
Dedim artık var mı, söyledi yoh yoh!

Dedim Erzurum nen, dedi il'imdir,
Dedim gider misin, dedi yolumdur,
Dedim Emrah nendir, dedi kulumdur,
Dedim satar mısın, söyledi yoh yoh!

BENDEN SELÂM OLSUN BOLU BEYİNE

Kastamonu
İhsan Ozanoğlu **M. Sarısözen**

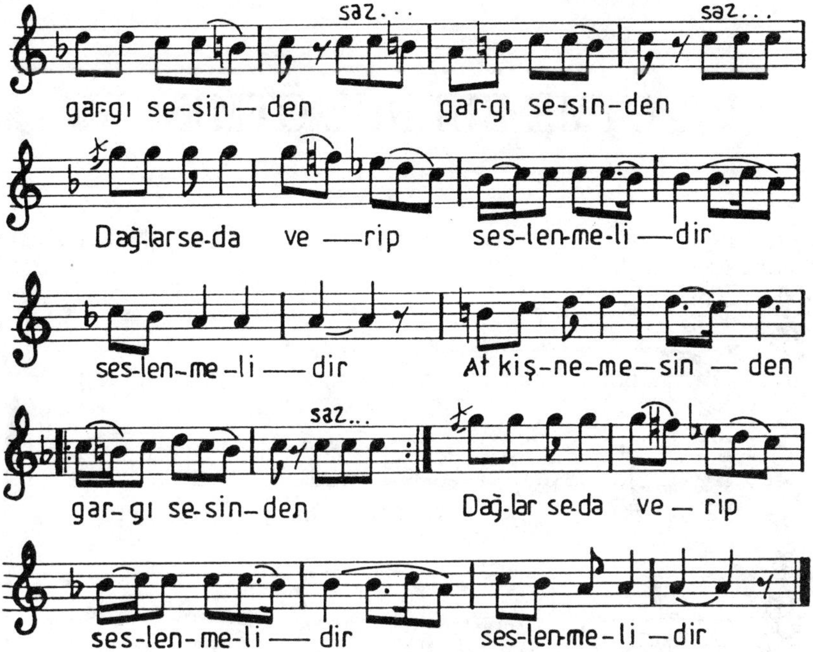

BENDEN ŞELÂM OLSUN BOLU BEYİNE

Hey hey efeler hey!...
Benden selâm olsun Bolu Beyine,
Çıkıp şu dağlara yaslanmalıdır,
At kişnemesinden, gargı sesinden,
Dağlar sedâ verip seslenmelidir.

Hey hey gene de hey hey!...
Düşman geldi tabur tabur dizildi,
Alnımıza kara yazı yazıldı,
Tüfek icad oldu, mertlik bozuldu,
Eğri kılıç kında paslanmalıdır.

Hey hey efeler hey!...
Köroğlu düşer mi yine şanından?
Çıkarır çoğunu er meydanından,
Kırat köpüğünden, düşman kanından,
Çevrem dolup şalvar ıslanmalıdır.

ÖTME BÜLBÜL ÖTME

Sıvas
Hasan Eylen **M. Sarısözen**

ÖTME BÜLBÜL ÖTME

Ötme bülbül ötme, şer değil bağım,
Yâr senin elinden de ben yana yana.
Tükendi fitilim eridi yağım,
Yâr senin elinden de ben yana yana.
Ya dost, ya dost, ya dost,
Deryadan bölünmüş de sellere döndüm.

Deryadan bölünmüş sellere döndüm,
Vakitsiz açılan güllere döndüm,
Ateşi kararmış küllere döndüm,
Yâr senin elinden de ben yana yana.
Ya dost, ya dost, ya dost,
Haberim duyârsın da peyiklerinen.

Haberim duyârsın peyiklerinen,
Yârimi sarsınlar şehitlerinen,
Kırk yıl dağda gezdim geyiklerinen,
Yâr senin elinden de ben yana yana.
Ya dost, ya dost, ya dost,
Deryadan bölünmüş de sellere döndüm.

ŞU KANLI ZALİMİN ETTİĞİ İŞLER

Sıvas

Ruhi Su

ŞU KANLI ZALİMİN ETTİĞİ İŞLER

Şu kanlı zalimin ettiği işler,
Garip bülbül gibi yaralar beni.
Yağmur gibi yağar başıma taşlar,
Dost'un bir fiskesi yaralar beni.

Dar günümde dost düşmanım belli oldu,
On derdim var ise şimdi elli oldu,
Ecel fermanı boynuma takıldı,
Gerek asa gerek vuralar beni.

Pir Sultan Abdal'ım can göğe ağmaz,
Hak'dan emrolmazsa ırahmet yağmaz,
Şu illerin taşı hiç bana değmez,
İlle dostun gülü yaralar beni.

YİĞİTLER SİLKİNİP ATA BİNİNCE

Sıvas
Âşık Veysel **M. Sarısözen**

YİĞİTLER SİLKİNİP ATA BİNİNCE

Yiğitler silkinip ata binince,
Derelerde bozkurtlara ün olur,
Yiğit olan döne döne döğüşür,
Kötüler kavgadan kaçar, hun olur.

Bir yiğit cidasın almış eline,
Serini koymuştur yiğit yoluna,
Kalkan paralana, zırhlar deline,
Kanlı gömlek koç yiğide don olur.

Bir yiğit cidasını almış atıyor,
Ağ elleri kızıl kana batıyor,
Bir kötü kavgadan dönmüş kaçıyor,
Kaçma kötü kaçma, şimdi dön olur.

SELÂM OLSUN

Sıvas **Hamdi Tanses**

SELÂM OLSUN

Bu dünyadan gider olduk,
Kalanlara selâm olsun.
Bizim için hayır dua,
Kılanlara selâm olsun.

Selâ verin kastımıza,
Gider olduk dostumuza,
Namaz için üstümüze,
Duranlara selâm olsun.

Ecel büke belimizi,
Söyletmiye dilimizi,
Hasta iken halimizi,
Soranlara selâm olsun.

Eceli gelenler gider,
Hepsi gelmez yola gider,
Bizim halimizden haber,
Soranlara selâm olsun.

Tenin ortaya açıla,
Yakasız gömlek biçile,
Bizi bir âsan vechile,
Yuyanlara selam olsun.

Derviş Yunus söyler sözün,
Yaş doludur iki gözün,
Bilmeyen ne bilsin bizi,
Bilenlere selam olsun.

BİLENE DANIŞ

Sıvas | **Vahit Dede**

BİLENE DANIŞ

Bilirim bilirim dersin, bilene danış,
Danışan dağları (hey dost) aşar mı aşar.
Danışmadan yola çıksa bir kişi,
Akîbet yolundan (hey dost) şaşar mı şaşar.

Cahile ırak ol, kâmile yakın,
Bir mânâ söyleyim (hey dost) darılma sakın,
Hasmın karıncaysa merdane takın,
Ummadık taş başa (hey dost) düşer mi düşer.

Pir Sultan Abdal'ım böyle mi olur,
Kişi ettiğini (hey dost) elbette bulur,
Yırtıcı kuşların ömrü tez olur,
Zararsız akbaba (hey dost) yaşar mı yaşar.

ERENLER CEMİNE

Tercan
Ali Ekber Çiçek

ERENLER CEMİNE

Erenler cemine her can giremez,
İnsanı kâmile kul olmayınca,
Her mürşidim diyen mürşid olamaz,
Adep ile erkân yol olmayınca.

Arama ırakta vardır yakını,
Gerçek olan talip, bulur hakkını,
Yükletemezler sana yolun yükünü,
Bükülüp hametin dal olmayınca.

ELÂ GÖZLÜM

İç Anadolu **Ahmet Yamacı**

ELÂ GÖZLÜM

Elâ gözlüm ben bu ilden gidersem,
Zülfü perişanım kal, melil melil,
Kerem et aklından çıkarma beni,
Ağla, gözyaşını sil, melül melül.

Elvan çiçekleri takma başına,
Kudret kalemini çekme kaşına,
Beni ağlatırsan doyma yaşına,
Gez benim aşkımla yâr melül melül.

Yeter ey sevdiğim sen seni düzet,
Karaları bağla, beyazı çöz at,
O nazik ellerin bir daha uzat,
Ayrılık şerbetin ver melül melül.

Karacaoğlan der ki ölüp ölünce,
Ben de güzel sevdim kendi halimce,
Varıp gurbet ele vâsıl olunca,
Dostlardan haberim al melül melül.

VARDIM HİND ELİNE

Erzincan **Turan Engin**

VARDIM HİND ELİNE KUMAŞ GETİRDİM

Vardım Hind eline kumaş getirdim,
Açtım bedestanı sattım oturdum,
Sen benim başıma neler getirdin,
Ben senin kahrını çekemem gönül.

Eline aluben sazlar istersin,
Göllerde ördeği kazlar istersin,
Benden mahbup gelin kızlar istersin,
Ben senin kahrını çekemem gönül.

Kara bulut gibi göğe ağarsın,
Sulu yağmur gibi yere yağarsın,
O yâr senin değil ne çok bakarsın,
Ben senin kahrını çekemem gönül.

BU YIL BU DAĞLARIN KARI ERİMEZ

Sıvas
Ali İzzet Özkan **M. Sarısözen**

BU YIL BU DAĞLARIN KARI ERİMEZ

Bu yıl bu dağların karı erimez,
Eser badı saba yel bozuk bozuk,
Türkmen kalkıp yaylasına yürümez,
Yıkılmış aşiret, il bozuk bozuk.

Kızılırmak gibi çağlayıp aktım (dost aktım),
El vurdum göğsümün bendini yıktım,
Gül yüzlü ceranın bağına çıktım (yâr çıktım),
Girdim bahçesine, gül bozuk bozuk.

Elim tutmaz güllerini dermeye,
Dilim tutmaz hasta halin sormaya,
Dört cevabın manasını vermeye,
Sazım düzen tutmaz, tel bozuk bozuk.

Pir Sultanım yâratıldım kul diye,
Zalım Paşa elinde mi öl diye,
Dostum beni ısmarlamış gel diye,
Gideceğim amma, yol bozuk bozuk.

KAHPE FELEK

Sıvas
Divriği

M. Sarısözen

KAHPE FELEK

Kahpe felek sana nettim neyledim?
Attın gurbet ele parelerimi,
En sonunda beni sılamdan ettin,
Kestin mümkünümü, çarelerimi.

Kavuştak { Aman aman dağlar duman dayanamam vay!
Aman aman dağlar duman geçti zaman vay!

Şu dağların arkasını bilirim,
İflah olmam ben bu dertten ölürüm,
Vadem yeter çöl gurbette kalırım,
Yine ben bağlarım yaralarımı.

/ *Kavuştak* /

Ben kemlik görmedim hüsnü âlâdan,
Beklerim mektubum gele sıladan,
Ölürüm kurtulmam ben bu yâradan,
Dost olan bağlasın yaralarımı,

/ *Kavuştak* /

MERT DAYANIR NAMERT KAÇAR
(Köroğlu)

Kars
A. Dursun Ceylani — **M. Sarısözen**

MERT DAYANIR NAMERT KAÇAR

Mert dayanır, namert kaçar,
Meydan gümbür gümbürlenir.
Şahlar şahı divan açar,
Divan gümbür gümbürlenir.

Yiğit kendini öğende,
Toplar menzili döğende,
Şeşber kalkana değende,
Kalkan gümbür gümbürlenir.

Top atılır kal'asından,
Hak saklasın belâsından,
Köroğlu'nun narasından,
Her yan gümbür gümbürlenir.

ALLAH ALLAH DESEM

(Pir Sultan Abdal)

Ruhi Su

ALLAH ALLAH DESEM

Allah Allah desem gelsem,
Hakkın divanına dursam,
Ben bir yanıl elma olsam,
Dalında bitsem ne dersin?

Sen bir yanıl elma olsan,
Dalımda bitmeye gelsen,
Ben bir gümüş çövmen olsam,
Çeksem indirsem ne dersin?

Sen bir gümüş çövmen olsan,
Çekip indirmeye gelsen,
Ben bir avuç çavdar olsam,
Yere saçılsam ne dersin?

Sen bir avuç çavdar olsan,
Yere saçılmaya gelsen,
Ben bir güzel keklik olsam,
Bir de toplasam ne dersin?

Sen bir güzel keklik olsan,
Bir bir toplamaya gelsen,
Ben bir yavru şahin olsam,
Kapsam kaldırsam ne dersin?

Sen bir yavru şahin olsan,
Kapıp kaldırmaya gelsen,
Ben bir ulu sepken olsam,
Kanadın kırmaya gelsem?

Sen bir ulu sepken olsan,
Kanadım kırmaya gelsen,
Ben bir deli topuz olsam,
Tepsem dağıtsam ne dersin?

Sen bir deli poyraz olsan,
Tepip dağıtmaya gelsen,
Ben bir ulu hasta olsam,
Yoluna yatsam ne dersin?

Sen bir ulu hasta olsan,
Yoluma yatmaya gelsen,
Ben bir Azrail olsam,
Canını alsam ne dersin?

Sen de bir Azrail olsan,
Canımı almaya gelsen,
Ben bir cennetlik kul olsam,
Cennete girsem ne dersin?

Sen bir cennetlik kul olsan,
Cennete girmeye gelsen,
Pir Sultan üstadın bulsan,
Bilecek girsek ne dersin?

ÇAMLIBEL'E SÜREYİDİM YOLUMU

(Köroğlu-Kırat Güzellemesi)
(Kırat Semahı Çeşitlemesi)

Sıvas
A. Ali İzzet

Nida Tüfekçi

ÇAMLIBEL'E SÜREYİDİM YOLUMU

Çamlıbel'e süreyidim yolunu.
Altınlardan nallatayım nalını.
Üç güzele dokutayım çulunu.
Alma gözlü, kız perçemli kır atım.

Kavuştak { Kırat, kırat, kırat, kırat, kırat, kırat, kırat,
Kır ata binen alır murat, kır ata binen alır murat.

Yokuşa yukarı tavşan büküşlüm,
İnişe aşağı ceylân gelişlim,
Taze gelin gibi uğru nakışlım,
Alma gözlü, kız perçemli kır atım.
/ *Kavuştak* /

Başını başımdan yukarı tutar
Haykırır köpüğü başından atar
Kaçarsa kurtulur, kovarsa tutar
Alma gözlü kız, perçemli kır atım
/ *Kavuştak* /

YELDİRME BÖLÜMÜ
Kır atım meydan yerinde,
Gezer horlayı horlayı.
Bir kötü, az bir kavgadan,
Kaçar zorlayı zorlayı.

Kır ata yakışır bunlar,
Yiğit giyer demir donlar,
Ağ gövdeden kızıl kanlar,
Akar şorlayı şorlayı.

Köroğlu der al kanları,
Yere serer çok canları,
Eğri kılınç düşmanları,
Kırar parlayı parlayı.

KİZİROĞLU MUSTAFA BEY

Kars
Âşık Dursun Ceylani

M. Sarısözen

bir be yoğ lu
(saz . . . .
ah birat birnera la pa ça
birat birner a la pa ça mecel vermez kırat ka

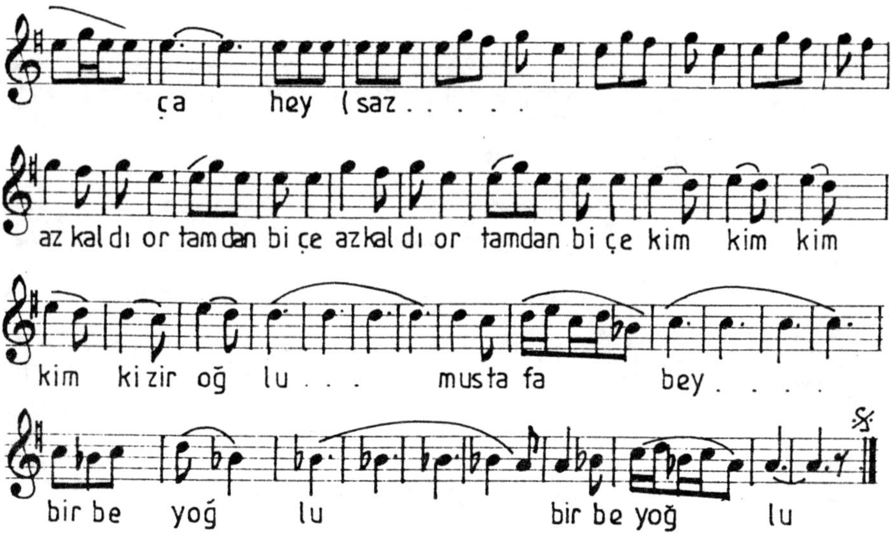

KİZİROĞLU MUSTAFA BEY
Köroğlu

(Kiziroğlu, Köroğlu'nun haşmıdır. Bir gün Köroğlu, karısı Nigâr Hanım'la çadırında otururken bir ara dışarıya çıkar, bakar ki bir toz duman kalkmış, üstlerine doğru geliyor. Bunun Kiziroğlu Mustafa Bey olduğunu anlar. Köroğlu, yerine göre bileğini; yerine göre aklını kullanmasını bilen bir kişiymiş. Hemen içeri girer, karısı Nigar Hanım'a: "Bana bir kahve pişir", der ve sazını alır. Bu sırada Kiziroğlu da çadırın dışına gelmiş, içeriden gelen türküyü dinlemeye başlamıştır.)

Aldı Köroğlu:
Bir hışmınan geldi geçti,
Kiziroğlu Mustafa Bey,
Hışmı dağı deldi geçti.
– Kim kim?
– Hanım kim?
– Nigâr kim?
– Kiziroğlu Mustafa Bey.
Bir Bey oğlu
Bir Han oğlu

Bir at biner ala paça
Mecal vermez kırat kaça
Az kalsın ortamdan biçe
– Kim kim?
– Hanım kim?
– Nigâr kim?
– Kiziroğlu Mustafa Bey.
Bir Bey oğlu
Bir Han oğlu
Aldı Köroğlu bir daha söyledi:
Vay ben ona eş olaydım
Peh! peh! peh! peh!
Anadan on beş olaydım
Hey! hey! hey!
Keşk'onlan kardaş olaydım
– Ağam kim?
– Paşam kim?
– Nigâr kim?
– Hanım kim?
– Kim kim?
– Kiziroğlu Mustafa Bey,
Bir Beyin oğlu
Zor Beyin oğlu
Hay edende haya teper
Peh! peh! peh! peh!
Huy edende huya teper
Hey! hey! hey!
Köroğlu'nu çaya teper
– Ağam kim?
– Paşam kim?
– Nigâr kim?
– Kim kim?
– Kiziroğlu Mustafa Bey,
Bir Beyin oğlu
Zor Beyin oğlu

TURNALAR SEMAHI

Narlıdere
Ali Rıza Erdem **Talip Özkan**

TURNALAR SEMAHI

Nerden sökün edip gelirsin?
Yenile mi geldin ay telli durnam?
Derdimin üstüne,
Dertleri katma,
Dertlerim yiyendir,
Ay telli durnam!

Çark vurup havalardan aşınca,
Ciğer kebap olup oda pişince,
Kişi sevdiğinden ayrı düşünce,
Karalar mı bağlar ay telli durnam!

İÇİNDEKİLER